成语说"法"

成语里的法治故事与启示

张志君　张涵　著

商务印书馆国际有限公司
中国·北京

图书在版编目（CIP）数据

成语说“法”：成语里的法治故事与启示 / 张志君，张涵著. -- 北京：商务印书馆国际有限公司，2020.10（2022.4 重印）
ISBN 978-7-5176-0766-3

Ⅰ. ①成… Ⅱ. ①张… ②张… Ⅲ. ①汉语－成语－故事 Ⅳ. ① H136.31

中国版本图书馆 CIP 数据核字 (2020) 第 184583 号

成语说“法”：成语里的法治故事与启示
CHENGYU SHUO FA: CHENGYU LI DE FAZHI GUSHI YU QISHI

著　　者　张志君　张　涵
出版发行　商务印书馆国际有限公司
地　　址　北京市朝阳区吉庆里 14 号楼
　　　　　佳汇国际中心 A 座 12 层
邮　　编　100020
电　　话　010－65592876（编校部）
　　　　　010－65598498（市场营销部）
网　　址　www.cpi1993.com
印　　刷　三河市紫恒印装有限公司
开　　本　710mm × 1000mm　1/16
字　　数　200 千字
印　　张　15
版　　次　2022 年 4 月第 1 版第 2 次印刷
书　　号　ISBN 978-7-5176-0766-3
定　　价　39.80 元

序　言

中国教育电视台台长　袁小平

在中国传统文化语境中，成语是一个非常独特的存在，是文化传播的载体，更浓缩了中华优秀传统文化的精华。

许多成语背后往往都隐含着一个故事。这本书将与读者朋友们一起分享对于相关故事的独特解读，并对相关内容做与时俱进的价值转换。

这本书的每一章都精心选择了一个作者认为值得一说的成语，然后深入发掘每个成语背后隐藏的往往被人们习焉不察的故事，指出这些故事背后潜伏着的深刻哲理，从历史的和现实的角度指出其对于过好当下、做好当下的借鉴意义，指出其给予今天人们的一些启示。

比如许多人都熟悉“水滴石穿”这个成语，都知道它常常被用来“励志”，但不一定都知道这个成语背后还潜伏着一个血淋淋的故事：在这个成语问世的时候，有一个罪不至死的人竟然因此而被冤杀。更让今天的人们感到不可思议的是，杀人者竟然是一个学富五车的著名读书人，而且这个著名读书人杀了人之后居然什么事都没有，不但什么事都没有，反倒留下一个美名！杀人者的杀人动机是什么？杀人过程是怎样的？为什么杀了人之后什么事没有？这个故事又能够给予今天的我们哪些启示？这本书讲述的就是这样一些有意思更有意义的内容。

细读这本书，我认为，它将帮助读者朋友们建立整体性思维、发散性思维、批判性思维、辩证性思维。一言以蔽之：可以为读者朋友们提升素质、丰富与众不同的成语文化储备提供助力，从而帮助读者朋友们更好地把握历史、充实现在、面向未来。

这本书既可以作为广泛性读物，服务学校以外的读者朋友们储备增强个人魅力的“冷知识”，也可以作为学校辅助教材，加深师生对于应知应会成语的相关理解。

张志君先生是我的同事，他曾经担任中国教育电视台副总编辑，现在担任中国教育电视台《教育传媒研究》杂志总编辑。他是三级研究员，北京师范大学博士后，享受国务院政府特殊津贴。他也是教育部、中央宣传部高等学校与新闻单位互聘交流“双千计划”中国政法大学特聘教授，北京大学电视研究中心特约研究员，中国传媒大学新闻传播学部研究生导师，北京师范大学教育学部传媒与教育研究中心顾问，中国电视艺术家协会电视理论专业委员会副会长，中央电视台少儿频道咨询委员会委员，中国教育电视协会副会长。

张志君先生近二十年来一直热心于优秀传统文化现代化价值转换研究及相关传播，而且成果颇丰：

2015 年，他在中央电视台《百家讲坛》栏目主讲《向古人学家教》系列节目，播出后社会反响良好。该系列节目文字讲稿由商务印书馆国际有限公司以《跟古代名人学家风家教》为书名出版。该书先后被全国妇联和国家新闻出版广电总局列入“向全国家庭推荐的201种图书”和“2017年度农家书屋”书目。

2019年，他应邀在中央电视台《法律讲堂（文史版）》栏目主讲《静水流深——成语原来还可以这样读》，播出后社会反响良好。

2016年，他在中国教育电视台《国史演义》栏目主讲《从书院走来的名人大家》系列节目，播出后社会反响良好。该系列节目文字讲稿由江西教育出版社以《国学心脉：书院中的传统人文精神》为书名出版，并获得第三十九届华东地区优秀教育图书奖。

2012年，他在湖南教育电视台《湖湘讲堂》栏目主讲《中国历史上的第二代现象》系列节目，播出后社会反响良好。该系列节目文字讲稿由中国人民大学出版社以《老子英雄儿好汉：中国历史上的第二代现象》为书名出版，出版后社会反响良好。

1998年以来，张志君先生还先后应台湾旺文社股份有限公司、台湾先见出版公司、大尧文创出版社、台湾商务印书馆等出版机构邀请，在中国台湾先后出版《中国大内秘辛》《十二亿中国人大换脑》《中国历史那些事》《寡人》《本宫》等各类历史文化专著二十多本，其中多部作品多次再版重印。

相信此次商务印书馆国际有限公司出版志君先生和张涵同志在中央电视台《法律讲堂（文史版）》《静水流深——成语原来还可以这样读》讲稿基础上写就的《成语说“法”：成语里的法治故事与启示》，肯定会像以往一样，给我们带来新的惊喜。

目 录

第一章

潜伏在成语“水滴石穿”背后与法有关的故事

第一节

你用它来励志，他却用它杀人——“水滴石穿”的前世今生

在中国传统文化语境中，成语是一个非常独特的存在。作为一种长期习用的定型词组或短语，成语往往“意在言外”。许多成语背后往往都有一个又一个的故事，这些故事有一部分与“法”有关。笔者将用一定的篇幅，与读者朋友们一起分享对于这些故事的解读，并对相关内容做与时俱进的现代价值转换，以便为“法治中国”建设一尽绵薄之力。

本章要和大家分享的是“水滴石穿”这个成语背后潜伏的与“法”有关的故事。

“水滴石穿”这个成语具有悠久的历史，它的源头最早可以追溯到西汉时代的枚乘。但这个成语真正定型却是在宋代，确切地说，是北宋。这个故事与一个名叫张乖崖的人有关。张乖崖本名叫作张咏。他是北宋时期一个颇为知名的人物，是宋太宗太平兴国五年（公元 980 年）那一榜的进士。太平兴国五年这一榜不但在宋代历史上，甚至可以说在中国古代科举史上都是具有典型意义的一榜。这一榜不但录取的人数较以前大为增加，而且录取的进士升迁也比较快，在这一榜中的李沆、寇准、王旦、向敏中四人

后来都做了宰相。这一榜进士在太宗朝和真宗朝政治中发挥着主导作用，成为中国进士科的典型代表，因此此榜被宋人称为“龙虎榜”。

成功登上“龙虎榜”之后，张咏被派往崇阳当县令。到了崇阳之后，张咏发现，自己是“在错误的时间，来到了错误的地点”。崇阳原本属于南吴和南唐，本叫宗阳，公元975年，也就是张咏来做知县之前的五年才被纳入北宋的国土，改名为“山”字底下加一个“宗”字的“崇阳”。弄一座“大山”压在头上，原本的“宗阳”百姓肯定感觉到很不满，张咏在这个时候来做知县确实是早了点，所以，我们称之为“错误的时间”。

“错误的地点”又是怎么一回事呢？崇阳位于湖北省南陲，位于湘、鄂、赣三省交界处，属于典型的“三不管”地带。这里流行“下克上”，常有军卒侮辱将帅、小吏侵犯长官的事，对公序良俗造成了极大的危害。为了避免打一场“错误的战争”，张咏动了不少脑筋。经过长时间的观察，他发现了一个机会——一个“一文钱”带来的机会。民间有“一文钱难倒英雄汉”的说法，笔者要和大家分享的则是“一文钱撂倒无赖汉”的故事。

据宋代的罗大经《鹤林玉露》记载，有一天，张咏微服出访，见到县衙门里的小吏偷了官府一文钱。这等一文钱的小事，按理说，不至于惊动知县大人，但正在寻找突破口的张咏哪里肯放过，于是立刻命人把那个小吏拿下，并且亲自审问。如果是在其他地方，偷东西被抓住，偷东西的人肯定会有一种羞耻感，但是，这个小吏却丝毫不以为耻，反倒面无愧色地直面自己的上司。张咏见了，下令拷打。谁知那小吏却不服气，十分嚣张地对张咏说：“你这个人真是太较真了，为了一文钱，至于吗？”张咏面沉似水，说道：“至于，太至于了！我就是要让你知道什么叫伸手必被抓！”小吏反问道：“难不成你还会因为一文钱杀了我？”张咏大怒，愤然回答：“你以为我不敢？”小吏不服：“凭什么啊？！”张咏想了想，提起笔来唰唰写下了一段判词，判道：“一日一钱，千日千钱，绳锯木断，水滴石穿。”然后拿着剑走下台阶，亲手将小吏斩首示众。

张咏的这段判词给人留下了非常深刻的印象，于是乎，一个至今仍在使用的成语“水滴石穿”诞生了。需要特别指出的是，在张咏那里，“水滴石穿”指的是成年累月地犯错误甚至是犯罪。而到了二十一世纪的今天，这个成语却被用来比喻只要有恒心，坚持不懈，事情就能成功，很明显用的是其褒义。

用“水滴石穿”之名杀人之后，张咏没有受到任何惩罚。这其中的原因很多，概括起来说，就是：张咏是一个读书人，是一个生活在北宋时期的读书人，是一个考中了进士的读书人。

除了“一钱斩吏”这件事，这位张咏先生做的另类的事情还有很多。比如说，规劝朋友不是实话实说，反倒绕来绕去。前面我们说了，张咏与寇准是同榜进士，也是好朋友。起初，张咏在成都做官，听说寇准做了宰相，就对自己的同僚说：“寇准是少见的人才，可惜他学问智术不够啊。”后来，寇准到陕西一带去做官，恰好赶上张咏从成都被罢官回来，他就准备了酒食款待张咏。张咏将要离开的时候，寇准一直把他送到郊外，临别时寇准问他：“就要分别了，老同学你有什么话要教导我的吗？”张咏慢慢地说：“《汉书·霍光传》不可不读。”“这是什么意思啊？”寇准有点丈二和尚摸不着头脑，回去以后拿出《汉书·霍光传》来看，左看右看，最后看到里面有“不学亡（无）术”几个字，这才明白过来：“这是在说我啊。”

《宋史》还记载了另外一件事，也可以说明他的另类：有个读书人在外地做小官，亏空公款，受到恶仆挟制。那个恶仆威胁读书人把其长女嫁给自己，如果不这样，就要去官府告发。小官合家无计可施，深夜聚哭。张咏听到了哭声，拍门相询。那小官只说无事，问之再三，方以实情相告。当下张咏不动声色，先是设计把那个恶意告发主人的恶仆骗到城外，一剑斩杀；回来后则告诫那个小官当引以为戒，不可再犯同样的错误。诸如此类的事情还有很多。据说，张咏曾经多次对朋友说："我张咏幸好生在太平盛世，读书自律；若是生在乱世，那真不知道会变成什么样子了！"

第二节

从张咏的所作所为我们想到了什么

说完了张咏的另类，让我们回到主题，“水滴石穿”背后潜伏的法的故事能够给我们以什么启示呢？

我想，相关启示至少有以下几点：

（一）要善于防微杜渐治未病

“未病”就是指尚未显示出症状的疾病。“未病”这个词语与一位名医有关，这个名医不是别人，正是鼎鼎大名的扁鹊。扁鹊是战国时期名医，姬姓，秦氏，名缓，字越人，又号卢医，由于医术高超，被认为是神医，所以当时的人们就借用了上古神话中黄帝时的神医“扁鹊”的名号来称呼他。

扁鹊这个人是个全才，也是一个怪才。之所以说他是一个怪才，是因为他的医疗技术在不同的国家有不同的体现：在赵为带下医（妇科），在周为耳目痹医（五官科），在秦为小儿医（儿科）。而且他具有“透视”的神通，能够看见病人的五脏六腑。最神奇的是他还通过自己的救治，竟然让虢国的太子死而复生。可就是这样一位神医，却认为自己不如哥哥，这又是怎么一回事呢?

话还得从他与当时的魏国国君魏文王的一段对话说起。在这段出自道家著作《鹖冠子》的对话中,扁鹊分别用“于病视神未有形而除之,故名不出于家”(大哥)、“其在毫毛,故名不出于闾”(二哥)和“镵血脉,投毒药,副肌肤间,而名出闻于诸侯”(自己)来说明他和他的两个哥哥在治疗病人方面的不同,从“病人成本最小化”的角度指出自己在治疗病人方面远远赶不上两个哥哥,尤其是大哥,因为后者对于疾病能够“未有形而除之”,用今天的话说就是能够治“未病”。这段话充满了哲理,这和成语“曲突徙薪”所说的有异曲同工之妙。人们往往只重视那些有办法平息严重后果的人,而对于防微杜渐者则往往视而不见,至少没有给予足够的重视。殊不知,后者也就是主张并身体力行防微杜渐的人,才最值得敬重,因为无论是对于国还是对于家,无论是对于集体还是对于个人,后者才是“性价比”最高的。

扁鹊说的虽然是治病,但用在司法领域也不无道理。俗话说:“九层之台,起于累土。”“冰冻三尺,非一日之寒。”许多大问题往往都是从小事情开始的,如果在问题刚刚露出苗头,甚至尚未露出苗头的时候,就扯扯袖子,咬咬耳朵,甚至红红脸,估计这个世界可能就会少不少大奸大恶之徒。正是从这个意义出发,刘备才在写给儿子的临终遗嘱中谆谆告诫太子刘禅“勿以恶小而为之”;也正是从这个意义上加以考量,张咏才占据了“杀人”的道义上的制高点,采取诛心的论证方式,认为那个小吏“一日一钱,千日千钱”,要杜绝他犯下更大的罪行给社会带来危害,只能采取断然措施,一杀了之。

近年来,有关方面一再强调法治建设要“抓早”“抓小”“抓苗头”,实际上就是强调要“防微杜渐治未病”。

（二）杀人不是割韭菜——要慎用死刑

砍头不是割韭菜，这一点是古人都知道的道理。

海瑞是明朝著名清官，也是大明帝国最有名的“愤青”。此人谁都敢骂，皇帝也不例外。有感于嘉靖皇帝常年痴迷于道教的长生不老之术，整日围着炼丹炉，神神道道，长期不上朝，不住在宫里而宅在西苑，海瑞就写了一封奏折，叫作《治安疏》。在这封奏折中，海瑞以极大的勇气，几乎把嘉靖骂了个狗血喷头，甚至连“陛下之误多矣”“嘉靖者言家家皆净而无财用也”这样的话都敢写，并且还一针见血地指出嘉靖皇帝一点也不顾及君臣关系、父子关系、夫妻关系。

可以想象，高高在上的嘉靖皇帝收到这样一封奏折后，会是怎样的表情。他直接气得吐血了，将海瑞抓了起来，要处死他。可是，嘉靖虽然被气得吐血，却在杀不杀海瑞这个问题上犹豫了，并且最终没有杀。

嘉靖为何不杀海瑞呢？原因可能有这么几点：一是心里面觉得海瑞说得对。嘉靖皇帝不是一个糊涂人，知道自己确实不是一个好皇帝，也不是一个好丈夫、好爸爸；二是知道海瑞这个人不怕死，不想成全海瑞之英名，而使自己背上昏君骂名。他说海瑞“此人可方比干，第朕非纣耳”。意思是说，海瑞好比商王朝大忠臣比干，但我却不是昏君商纣王。除了这两点原因之外，很重要的一点可能是考虑到人死不能复生，为了给继位者留一点政治遗产，所以绝不能杀海瑞。因为杀了海瑞，会让天下士子心寒；而不杀海瑞，等自己死后，由儿子下旨放出来，那么这就等于给新皇帝留下一笔宝贵的政治资产了。

反观张咏，确实有些冒失了，因为小吏偷了一文钱，就砍了他的头，而且还振振有词，明显是把“或然”当成“必然”了。之所以会如此，首先是张咏本人性格上的原因：张咏号乖崖，他自己曾经解释为什么叫“乖崖”时说过这样的话：“乖则违众，崖不利物。”意思是说，他就要特立独行。除了个人性格方面的原因之外，当然也有社会环境方面的原因：北宋时期非常宽容读书人，乃是文官们的天堂。文官们只要有一个理由，哪怕再牵强，一般也不会因为杀了一个小人物而获罪。但是，张咏实在是开了一个不好的先例，后世很多头脑清醒的人都深以为戒，对待死刑尤为慎重。

历朝历代的统治者们，凡不是昏君，基本上都慎用死刑。隋朝时的死刑采取的是三次提请皇帝复核的制度，唐朝时死刑复核制度得以延续。唐太宗因为听信一个名叫权万纪的御史所进的谗言，错杀了一个名叫张蕴古的大理寺丞，还亲自下令将死刑的复核次数由以往的三次增加到五次。

新中国成立以来，死刑的最终裁定权（一般称为“死刑复核权”）曾经经历过“几上几下”：1949 年到 1957 年间，死刑一般由各省、市、自治区高级法院最终裁定，当事人如对所在地高级法院裁定不服，可以上诉到最高人民法院；1957 年第一届全国人民代表大会第四次会议通过的决议则规定“今后一切死刑案件，都由最高人民法院判决或者核准”，实现了最高法对死刑最终裁定权的回收。其后又经过几次反复，到了 2007 年，死刑复核权再一次被收回到最高法。死刑复核权的“几上几下”折射出中国社会的变迁，也彰显了主流话语层对于“依法治国”理念认识的不断深化。

（三）不应以个人好恶影响执法公正

掌握一定权力的人在运用手中的权力时至少有两种选择：一种是完全根据自己的喜好决定别人的生死；一种是抛开自己的喜好，从大局出发对待曾经与自己有过节也就是有仇的人。

李广是西汉时期的名将，由于能征善战，匈奴畏服，称之为“飞将军”，数年不敢来犯。但是此人有一个终生挥之不去的“痛”：虽然战功赫赫，却终生没能够封侯。

“初唐四杰”之一的王勃在其千古名篇《滕王阁序》中提到的“冯唐易老，李广难封”说的就是这回事。

李广为什么“难封”？这是一个千古之谜。宋代大词人刘克庄的解释是因为他没有遇到一个像刘邦那样的皇帝。刘克庄曾经在一首词中这样写道：“使李将军，遇高皇帝，万户侯何足道哉。”事实果真如此吗？我看未必。

李广曾经因故被罢官，住在陕西蓝田南山中。有一天晚上，他带了一名随从出门，在田间同别人饮酒，回来路过霸陵时已到了宵禁时分。按照当时的规矩，宵禁时是严禁出行的。守护霸陵的霸陵尉见李广犯禁，便大怒，“呵止广”，禁止李广通行。李广的随从忙上前打招呼说：“这是‘故李将军’。”霸陵尉丝毫不退让：“今将军尚不得夜行，何乃故也！”意思是说，就是现任的将军也不准在宵禁时行路，何况你是前任的将军呢？于是毫不客气地“止广宿亭下”，扣留下李广，让他停宿在驿亭中。

此事过了没有多久，因匈奴犯边，汉武帝重新起用李广，拜李广为右北平太守，率军迎战匈奴。李广随即请求武帝批准，派那个呵止过他的霸陵尉与他同行，到了前方军中，立刻就把那个霸陵尉斩首了。李广的举动实在令人不敢恭维，因为个人喜好随便杀人很可能就是李广一辈子也没有被封侯的重要原因之所在。

与李广形成鲜明对照的是曹操。曹操这个人除了多谋善断之外，其实还很贪恋女色，尤其喜欢“夺人妻子”（这并非笔者八卦，而是有史为证）。建安二年（公元 197 年），曹操率部南征，割据宛城的地方军阀张绣归降，曹操在接纳了张绣的同时，还顺便把张绣的婶母邹夫人也给强行占有了。本为凉州豪族的张绣十分愤怒，于是秘密发动了一次兵变。在这次兵变中，曹操最喜爱的长子曹昂、侄子曹安民被杀，猛将典韦也战死，曹操自己也差一点成了张绣的刀下之鬼，可以说，二人之间结下了杀子之仇、亡侄之恨。两年之后的建安四年（公元 199 年），张绣再次向曹操请求归降。很多人肯定认为曹操会将张绣千刀万剐以解心头之恨，但是，曹操却没有这么做，他不但接纳了张绣的请求，而且还和张绣结成了儿女亲家，让自己的儿子曹均娶了张绣的女儿，并封张绣为扬武将军。曹操此举实际上给其他人树立了一个典范，那就是：绝不以个人的好恶影响到大业。所以，他虽然并不如袁绍那样出身“四世三公”的豪门，也不像刘备那样有一个“皇叔”的称号可以用来招揽人才，但最终成就了一番大业。

唐太宗李世民当皇帝前后在说话的“频次”方面简直判若两人：没当皇帝之前，他简直就是一个“话痨”，特别喜欢讲话，对很多问题都有自己的看法；而当上皇帝之后，他却突然变得沉默寡言起来。有部下十分不解，问其所以，李世民长叹一声回答说：“当了皇帝我说的话就是金口玉言了，随便说一句话就是圣旨，我真的担心随口说的一句话影响臣子们对于事物的正常判断，所以，我只好沉默寡言了。”李世民之所以是李世民，其中原因有很多，但不以个人好恶影响别人的正常判断可能也是其中很重要的一点。

第二章

潜伏在成语“五日京兆”背后与法有关的故事

第一节

惹火了上级问题很严重——“五日京兆”的由来

著名学者钱穆先生在其名著《中国历代政治得失》中指出，唐代地方政府“任地方官者，因其本身地位低，不得不希望升迁，各怀五日京兆之心”。这段话中提到了一个成语“五日京兆”。这个成语在这里是用来比喻任职时间不会长，或凡事不做长久打算。“京兆”乃是“京兆尹”的简称，是中国古代的一个官职，大致相当于后世首都地区的最高行政长官。只不过各个朝代的称呼不同：有的朝代如秦代称呼首都地区最高行政长官为“内史”；有的朝代如汉代先是称其为“左右内史”，后又称其为“京兆尹”；有的朝代如北宋称其为“知开封府”；有的朝代如明、清称其为“ 顺天府府尹”。

“五日京兆”这个成语出自《汉书·赵尹韩张两王传·张敞》。故事的主角有两个，一个叫张敞，另一个叫絮舜。还有几个作为背景出现的“群众演员”，如汉宣帝、著名史学家司马迁的外孙杨恽（汉宣帝时的大臣）、絮舜的家人、专事稽核冤狱的行冤狱使者等。

事情的起因是杨恽为人太过高调，又口无遮拦，该说的不说，不该说的乱说，再加上结交了不该结交的小人戴长乐，结果闹出一桩祸事来了。

戴长乐乃是当时的皇帝汉宣帝流落在民间时结交的朋友，宣帝即位后被拔擢，担任太仆。因为泄露宣帝即位经过情节，被人告发，下狱。此人下狱后不去反思自己的错误，反倒把怀疑的目光指向杨恽，认为是杨恽出卖了他，于是上书告杨恽“以主上为戏，语近悖逆”，使杨恽因此下狱。对于戴长乐的告密，汉宣帝并不是太重视，认为这不过是臣子们的相互攻击罢了，很快就把杨恽给放出来了。一向以忠臣自诩的杨恽经历过此番事件之后，不由连连慨叹，颇有点“我本将心向明月，奈何明月照沟渠”的意味。这个时候，有一个名叫孙会宗的人写信给杨恽，劝他应当闭门思过，不应宾客满堂、饮酒作乐。杨恽给孙会宗写了回信，这就是著名的《报孙会宗书》。在这封书信中，杨恽写道“故道不同，不相为谋，今子尚安得以卿大夫之制而责仆哉”，认为自己与孙会宗是两股道上跑的车，走的不是一条路，并对自己“横被口语，身幽北阙，妻子满狱”表示了极大的不满，怨恨的矛头隐隐指向了皇帝。整封信写得锋芒毕露，与其外祖父司马迁的《报任安书》桀骜不驯的风格如出一辙。这封信一开始的时候并没有引起皇帝的重视，说白了很简单，当时的资讯并不像今天这么发达，所以，这封信最初只有一个传播对象，那就是孙会宗本人。

但是，说来也巧，就在与孙会宗通信之后不久，出了一件大事——日食。日食在今天看来不过是一种天文现象，但在中国古代那可是不得了的大事。中国历来重视日食的预报，据说夏代一位天文官因沉湎酒色，漏报日食，被砍首以警示其他玩忽职守者。《诗经》中更是详细记载了发生在公元前776年9月6日的日食：“十月之交，朔日辛卯，日有食之，亦孔之丑。”日食发生时，中国古代朝廷通常都会有所行动，这次当然不会例外，有好事者将这次日食与杨恽的所作所为联系起来，认为此次日食乃是杨恽骄奢不悔过所致。

正犯愁没有办法向全国百姓交差的皇帝听了手下的这个说法，便顺水推舟，再次下令把杨恽抓起来，下狱当“替罪羊”。

杨恽当然是冤枉的，但是负责审理案件的廷尉在按验时，在杨恽的家中搜出了《报孙会宗书》，看了之后觉得这是一颗重磅炸弹，于是立刻呈报皇帝，并且进行了非常不利于杨恽的解读。汉宣帝大怒，立刻以大逆不道之罪，把杨恽腰斩。

杨恽的入狱不仅使得他本人最终死于非命，也连累了他的不少朋友，张敞就是其中的一个。这个时候的张敞正担任京兆尹之职，因为与杨恽关系密切，被别有用心的人弹劾，自身位置岌岌可危。如果换作别人，恐怕早就没有心思干事情了，但张敞这个人不一般，虽然随时都可能被罢官，他还是坚持站好最后一班岗。

就在这个时候，张敞与那个名叫絮舜的人的矛盾出现了。张敞让絮舜去办一件案子，但絮舜却不肯听从张敞的指挥，拒不执行。别人问他为什么不听从顶头上司的命令，这位自以为是的贼捕掾（主捕贼的小官吏）竟然不以为然地说：“吾为是公尽力多矣，今五日京兆耳，安能复案事？”这话很快就传到张敞的耳朵里去了，张敞听了非常生气。

要知道，张敞那可是见过大世面的人啊。远的不说，就说在担任京兆尹之前，他就先后和权倾一时的大将军霍光摽过劲，曾经让胶东王刘音及其母王太后改邪归正，曾经奉命监督过曾经的皇帝昌邑王刘贺（也就是著名的“海昏侯”）并且使得这位前皇帝给他下跪。这些人随便拉出来一个，都比这个不入流的贼捕掾厉害。要知道，这些人见了张敞那都是不能不表示敬意的。

听了手下人传过来的话，张敞不由冷笑一声，问：“谁给了这个贼捕掾胆子，让他竟然敢抗命不遵？”于是，立刻命人逮捕絮舜。俗话说，“不打勤不打懒，专打不长眼”。那个自以为得计的主捕贼的小官吏做梦也没有想到，马上就要下台的张敞，竟然毫无下台的颓势，而是非常强势地抓人。被抓起来之后，絮舜也不慌张。在他看来，就算是把他抓起来，马上就要下台的张敞也不可能把他怎么样，毕竟汉代有个规矩，冬月过后就不能再杀人，而此时距离冬月月末不过只剩下几天的时间了，这几天的时间根本不足以把这件案子做成铁案。套用一句大家耳熟能详的诗句，过了冬月马上就是“面朝大海，春暖花开”的季节了，所以，絮舜并不认为自己有什么生命危险。

但是，絮舜还是低估了张敞的自尊心，以及因为维护自尊心而展开的超常行动。结果是，张敞调集人手，夜以继日连轴转，赶在冬月月底之前坐实了絮舜的罪名，把他判了死刑。行刑前，张敞还派人去问絮舜：“五日京兆究竟怎么样？冬月已经过去了，你不想延长寿命吗？”

说来也巧，刚刚杀了絮舜，朝廷就派来了负责查访民间冤情的行冤狱使者到当地巡视，看看有没有冤狱。絮舜的家人于是就载着他的尸首，向使者诉冤。使者听了之后，觉得家属说的很有道理，于是就上奏皇帝，指责张敞诛杀无辜，请求皇帝下令逮捕张敞。汉宣帝不想因为这件事逮捕张敞，于是就先批下了张敞以前因杨恽获罪不应居官的奏书，免他为庶人。罢免的诏书下达后，张敞到宫中交了印绶，就从宫阙之下逃命去了。这就是成语“五日京兆”的由来。

第二节

往事并不如烟——“五日京兆”的相关启示

那么，潜伏在“五日京兆”这个成语背后的故事给我们哪些启示呢？笔者认为，这些启示大概有以下几点：

（一）在司法部门工作态度很重要，有时甚至比能力还重要

司马光曾经在《资治通鉴》一书中把人分成四类，认为“才德全尽谓之‘圣人’，才德兼亡谓之‘愚人’；德胜才谓之‘君子’，才胜德谓之‘小人’。凡取人之术，苟不得圣人、君子而与之，与其得小人，不若得愚人。何则？君子挟才以为善，小人挟才以为恶。挟才以为善者，善无不至矣；挟才以为恶者，恶亦无不至矣。愚者虽欲为不善，智不能周，力不能胜，譬如乳狗搏人，人得而制之”。这段话翻译成现代汉语，大意是这样的：德才兼备的是圣人，无德无才的是愚人；德胜过才的是君子，才胜过德的是小人。挑选人才的方法是：如果找不到圣人、君子来委任，那么，与其用小人，不如用愚人。为什么这样？因为君子有才把它用到善事上，而小人

有才用来作恶。有才干做善事，能处处行善；而凭借才干作恶，就无恶不作了。愚人尽管想作恶，因为智慧不济，气力也不胜任，就好像小狗扑人，人还能制服它。这段话虽然不是很长，却道出了中国古代几千年官场和职场的一个用人法则，那就是与其用才胜于德的小人，不如用德胜于才的君子，甚至在一时半会儿找不到君子的情况下，宁可用愚人，也不用小人。

絮舜当然不可能读到司马光的这段高论，也不明白类似的道理。他自以为自己抓小偷很有本事，张敞又眼看官位不保，于是就很傻很天真地想要和自己这位一向以强硬著称的顶头上司掰掰手腕，显示一下自己的能力，结果后果很严重，严重到掉了脑袋。

此情此景不由让人想起了三国时的那位杨修杨德祖。杨修乃是三国时代一位非常有名的谋士，此人系出名门，乃是那位说出“天知，地知，我知，子知”的杨震的后代，其父杨彪也是东汉末年名臣。杨修有很高的智商，罗贯中先生在其名著《三国演义》中记载了很多能够证明杨修高智商的故事。有一次，有人送给魏王曹操一盒酥糖，曹操吃了一点，就在盒盖上写了一个“合”字给大家看，没有谁能看懂是什么意思。按顺序传到杨修那里，杨修便吃了一口，说：“‘合’字拆分开来是一‘人’‘一’‘口’，曹公这是叫我们每人吃一口啊，还有什么好犹豫的？”还有一次，曹操命人修建相国府的大门。刚刚建好榱桷，也就是屋檐屋角，曹操就亲自来视察了。看完之后，曹操在门上题了个“活”字就离开了。杨修看见后，就立刻叫人把门拆了重修，修得窄一点，不要那么宽。别人不解，他说：“门里加个‘活’字，是‘阔’字。魏王在门上题了个‘活’字就离开了，这是嫌门大了。”诸如此类的事情有很多，杨修的自作聪明让曹操心生厌恶，最后曹操寻了个罪名，就把他给杀掉了。

曹操为什么要杀杨修？罗贯中先生认为，原因有两个：一个是曹操嫉贤妒能，认为杨修的才能比如说猜字谜远远超过自己；另外一个是因为杨修是袁术的外甥，是反属。这两点原因初看起来似乎都有些道理，实际上是经不起推敲，也都站不住脚的。曹操一向愿意任用那些有才能的人，比如被称为有“良平之奇”的贾诩，“见时事兵事，过绝于人”的郭嘉，深通兵法和政治的荀彧、荀攸叔侄，有胆有谋的程昱，等等。这些人军事和政治上的能力都远过于杨修，却没有一个因为有才而遭曹操忌杀的。至于“反属”的说法则更加不成立，庞德在马超手下就已经具备勇名，他的亲哥哥又在刘备手下为官，曹操一样用他和曹仁一起对付关羽，可见就算有才又是袁术外甥（地地道道的“反属”），也不至于被杀。曹操之所以杀杨修，最重要的原因，笔者认为就是他有才气但又常常自以为是，不服从命令，不听指挥。俗话说“淹死会水的，打死犟嘴的”，如果你“会水”而不“犟嘴”，那你还有可能活下来；你“会水”又喜欢“犟嘴”，那么，你的“死期”就不远了。

在现实生活中，这种因为“会水”而“犟嘴”最终吃亏者可谓比比皆是。上面这些故事，对于妥善处理好“本事”与“脾气”之间的关系应该不无启发。

（二）靡不有初，鲜克有终——慎终如始很重要

《诗经·大雅·荡》中有一句话，叫作“靡不有初，鲜克有终”，意思是说做人、做事、做官没有人不肯善始，但很少有人善终，告诫人们为人做事要善始善终。

汪精卫是中国历史上臭名昭著的大汉奸，但很多人可能并不一定知道早年的他还曾经是一个大义凛然的反清志士。遥想当年，到北京什刹海旁

的石桥下埋地雷，谋刺当时的摄政王载沣，何其雄也！“慷慨歌燕市，从容作楚囚。饮刀成一快，不负少年头”，何其壮也！但是，后来他卖国求荣，成为抗日战争中头号大汉奸又何其丑也！这种半截子英雄、半截子狗熊的例子可谓是举不胜举。

与汪精卫形成鲜明对照的是关公关羽。关羽之所以能够在身后受到万人敬仰，并不是因为他的武功。有人曾经根据罗贯中先生的《三国演义》做了一个三国时代的个人武功“排行榜”：一吕二赵三典韦，四关五马六张飞。在这个“排行榜”中关羽排名第四；也不是因为他的官职，关羽一生最大的官不过是当了一个蜀汉帝国的前将军，去世后最初也不过被刘禅追认为“壮缪侯”。但是，从北宋时开始，关羽先是被徽宗皇帝追认为“忠惠公”，然后一代比一代加码，不断提高规格，最后竟然被封王——义勇武安王，甚至还被封为皇帝——忠义神武灵佑仁勇威显关圣大帝。之所以如此，很重要的一个原因可能就是关羽做什么事情都有始有终，并且善始善终，身处顺境的时候是如此，身处逆境的时候同样如此。

再分享一个关羽“挂印封金”的故事。刘备在徐州被曹操打败以后，跟关羽和张飞失散了，独自投奔河北袁绍，而关羽因为要保护两位嫂嫂，也就是刘备的两位夫人，被曹操的军队团团包围。曹操爱惜关羽的才能，派张辽前来劝降，关羽思之再三，提了三个条件：一是降汉不降曹，二是必须保护好两个嫂子的安全，三是一旦知道刘备的下落，不得阻拦关羽前往投奔。这三个条件应该说一般人都不会答应，但曹操爱才心切，不仅全部答应了关羽的条件，而且还对关羽礼遇备至，想要让关羽欠下人情还不了。后来关羽在一次作战中知道了刘备的下落，马上去找曹操辞行。曹操不想让关羽走，屡次三番避而不见。最终关羽就写了一封信，派人送到相府，然后把曹操送给他的那些金银都封存起来，把曹操假托皇帝封他的汉寿亭侯的大印悬挂在大堂上，带着以前的部将，护送着两位嫂夫人，向着官道进发，去投奔刘备了。

常常听人说，关羽其实完全没有必要“挂印封金”。对于这种说法笔者不敢苟同。关羽之所以伟大，就是因为他不仅对亲人有始有终，而且对待敌人也同样有始有终，让即使挑剔矫情如曹操者，也在个人品行上挑不出关羽任何毛病来。

我们这一章提到的这位絮舜，其实并不是一个一无是处的人。他不仅在缉捕盗贼方面很有才能，而且一开始的时候与张敞也有过很好的合作。可“为山九仞，功亏一篑”，就是因为没有能够坚持到最后，结果不仅此前所做的工作被“清零”，连他这个人也被张敞给“清零”了，这个教训是非常深刻的。

（三）司法申诉制度早已有之，但是普通老百姓的申诉成本往往很高

在“五日京兆”这个故事中，有一个人引发笔者的关注，此人连名字都没有留下，笔者关注的是他的身份——行冤狱使者。这是汉朝特有的一种官职，专门负责稽核冤狱，打一个不太恰当的比喻，有点像后世的巡察御史或巡按，品级不是很高，但权力往往很大。这个人的出场，以及贼捕掾絮舜的家属向他申冤，都说明在当时，司法申诉制度已经初步建立起来了。其实，中国古代的司法申诉制度起源很早，最早可以追溯到西周时期，主要方式有三种，分别是“击鼓”“拦车”和“上书”。

下面不妨讲几个小故事说明一下。

这是围绕着一桩“投毒案”而进行的“击鼓”司法申诉。这次申诉的

发起者是一个姓张的寡妇，针对的是一起此前不久刚刚审结的投毒杀人案。这次申诉，在后世的许多人看来，几乎没有一点胜算，因为那桩投毒杀人案的主审“法官”刘保勋可是当时司法界乃至整个官场都赫赫有名的“大咖”。他先后担任过北宋帝国的云安监盐制置使、司封员外郎、祠部郎中、江南西路转运使、户部郎中、并州知县、判大理寺事等官职，这些官职可能绝大多数大家都不是很熟悉，但稍微有一点历史知识的人恐怕都不会对其中的“判大理寺事”感到陌生。这个职务打个不太恰当的比喻相当于今天的最高法院院长。而在审理那桩投毒杀人案的时候，刘保勋担任的是开封府尹，相当于现在的首都地区最高行政长官。对曾经担任过最高法院院长的现任首都最高行政长官审理过的案件竟然还想翻案，这想起来都觉得是在白日做梦。但在当时的皇帝宋太宗赵光义的亲自过问下，想要翻案者最后却心想事成，硬是把一桩“铁案”给翻了过来。结果是，刘保勋被追责，因误判刘寡妇诬告丈夫前妻儿子元吉投毒案，被罢官。一通击鼓，竟然将一个京师地区最高行政长官“击”下马，这也算得上是一绝了。

比这更绝的是登闻鼓在宋代还可以移作他用，比如说，击鼓请皇帝帮助寻找丢了的猪；比如说，请皇帝帮助找工作。

宋太祖年间，有一天，位于北宋京师汴梁宣德门的登闻鼓院子里，忽然传出一阵阵鼓声。这鼓声惊动了当朝皇帝赵匡胤。敲鼓的人是个普通老百姓，他敲鼓的原因竟然是让皇帝帮他寻找丢失的一头猪。我们都听说过，今天的市民有打110让警察帮助买油条的，还真的没有听说过击鼓让皇帝帮助寻猪的，这不是大胆犯上吗？但是，赵匡胤可不这么看。听到手下报告后，他不但不生气，反而给宰相赵普下了一道手诏：“今日有人声登闻来问朕觅亡猪，朕又何尝见他猪耶？然与卿共喜者，知天下无冤民。”宋真宗时，有落榜的举子还曾经敲鼓恳求皇帝给他们安排差事。

但是，北宋建立之初这样的宽松政治毕竟只是少数，或者说属于非常态。一般时候，封建时代的老百姓想要司法申诉成本是非常高的，在进行相关申诉之前，往往要忍受皮肉之苦，比如说先要滚钉板，或者先要被打上几十大板。本章中絮舜的家属为了申诉成功，只好载着他的尸首，向使者诉冤，最后还是没有能够得偿所愿。由此可见，封建社会总体上还是非常黑暗的。

近年来，不断有以往的冤假错案被媒体曝光，得到了纠正，如内蒙古的呼格吉勒图案、河北的聂树斌案，等等。这些案件之所以能够被平反，原因很多，其中很重要的一点就是经过几十年的艰辛探索，我国建立起一套有中国特色的司法申诉制度，在包括但不限于上述冤假错案的平反过程中，新中国的司法申诉制度发挥了不可或缺的作用，这再一次彰显了我们的情怀和自信，也为包括但不限于絮舜在内的古代先人们没有生活在当今的中国而感到深深的惋惜。

第三章

潜伏在成语“公冶非罪”背后与法有关的故事

第一节

孔圣人也救不了他，要想活命只能自救

“公冶非罪”其意是指“无辜蒙冤”。说这话的人不是别人，正是大名鼎鼎的孔老夫子。这句话的原文是：“子谓公冶长：‘可妻也。虽在缧绁之中，非其罪也。’以其子妻之。”这段话出自《论语·公冶长第五》，乃是孔子对这个名叫公冶长的学生的评价。孔子认为公冶长虽然被关进了大牢，但却是无罪之人，甚至还把自己的女儿嫁给了他。孔子为什么说公冶长无罪，这里面还有一个故事：公冶长其人不仅书读得好，而且还有一个特殊功能，就是能够听懂动物们说的话。这绝非笔者在这里胡编乱造、信口开河，而是有相关典籍作证的，《青州府志》中就有“世传公冶长能解百禽语”的记载。

其实，即使在严谨的正史中我们也不难找到关于某些人，尤其是某些历史名人懂得动物语言的记载。著名史学家陈寿先生在《三国志·方技传·管辂传》中就记载了一个名叫管辂的人能够听得懂鸟语的神奇事迹。有一次，管辂到安德县令刘长仁家做客，有鸣叫的喜鹊飞来，落在屋外阁层上，鸣叫声非常急促。管辂认真聆听了一会儿，对刘县令说：“喜鹊说东北边有一个妇人昨天杀害了她丈夫，却诬陷西边的邻人是凶手。今天黄昏

就会有人来告状了。”到时果然有人来告状，经刘县令审理，果真证实是那个妇人谋杀亲夫，诬告邻人。类似的例子还有很多，由此可见，能够听得懂鸟类的语言虽然有些神奇，但却并非空穴来风。所不同的是，别人都是因为通晓鸟类语言而被高看一眼，而公冶长却因为通晓鸟类语言而身陷牢狱，并且差一点丢了性命，这又是怎么一回事呢？

前面我们提到《青州府志》曾经记载“世传公冶长能解百禽语”，但是并没有提到他曾经因为这一特异功能而身陷囹圄。给这一曲折甚至有些离奇的故事提供重要素材的是魏晋南北朝时南朝梁代的著名学者皇侃。在给《论语》做注解写作《论语义疏》的时候，皇侃写道，公冶长聆听“雀鸣啧啧崔崔”，就知道“白莲道边翻车，黍粟撒地，牡牛折角，收敛不尽，相呼往啄”。后人根据此记载，演绎成了这样一个故事：公冶长从卫国回到鲁国，遇到一个老太太痛哭流涕，问其原因，答以儿子久未回家。公冶长联想到自己刚刚听到的鸟语，让老太太前往河边寻找其子，结果是好心没有得到好报，一不留神就成了古代版的“彭宇”，甚至比“彭宇”还惨——在河边发现儿子尸体正被鸟啄的老太太竟然向官府控告说公冶长就是杀害她儿子的凶手。而官府竟然听信了老太太的控诉，在没有任何证据的情况下就把公冶长给抓了起来。消息传到孔子那里，孔子也没有什么办法，只能叹息着对其他弟子说了我们前面引用过的那番话，可能是觉得有点对不起自己的得意门生吧，所以，把自己的女儿嫁给了身陷囹圄的公冶长。就在连圣人都束手无策的时候，公冶长却凭借自己的特长，自证了自己的清白，通过对麻雀、燕子等鸟类语言的解读，一次又一次地向抓他的那些人证明自己确实懂得鸟语，于是，最终重获自由。

第二节

学习成语不能水过地皮湿——从“公冶非罪”这个成语我们能够悟出点什么

那么，“公冶非罪”这个成语背后所隐含的法的故事能够给我们什么启示呢？我想至少有以下几点：

（一）古代有些执法者往往信奉王法本乎人情，既讲情，又讲理

死了儿子的老婆婆前来告状，官府不能不管，所以，要把公冶长抓起来；但是，考虑到此案的复杂性，特别是作为犯罪嫌疑人的公冶长坚决不承认自己是罪犯这个情况，那位官员并没有大笔一挥，命令手下将公冶长斩讫报来，而是采取了比较谨慎的态度，这一点是非常值得称道的。不由得想起了一个名叫张释之的人。张释之是西汉时期的官员，曾经担任过掌刑狱的廷尉。有一次，当时的皇帝汉文帝出宫巡视，路过中渭桥时，突然有一个人从桥下跑了出来，惊了文帝御驾的马。汉文帝险些被摔下，十分恼火，就命人拘捕了此人，交给廷尉查办。张释之审讯后，依法判定为

“冒犯车驾，罚金四两”。汉文帝对这个判决结果非常不满，认为判决过轻。张释之就解释说：“法律是天子和百姓应该共同遵守的，不应偏私。法有定规，如果加重处罚，如何取信于民？廷尉是天下公正执法的带头人，如果廷尉不公正，地方也会不公，百姓就会惶恐不安。”

这个判例之所以有名，主要是因为，身为司法官员的张释之，既讲情又讲理，并没有因为惊了汉文帝这个九五之尊就放弃了对相关法律条文的遵守。其实，既讲情又讲理往往说起来容易，做起来很难，有的时候，其中的分寸很难把握。

侯延庆在《退斋笔录》一书中记载过这样一件事，一件让皇帝很没面子的事：

因为对西夏用兵失利，北宋的神宗皇帝很是生气，决定对负责军队后勤工作的一个官员进行问责，下令杀掉这个文人出身的漕运使。一般来说，这位漕运使肯定是死定了，可他竟毫发无损地全身而退。原来，下面的大臣讲理不讲情，拒不执行。据《退斋笔录》记载，神宗皇帝是把杀人这件事交给宰相去办的。当时的宰相姓蔡名确，此人在历史上是一个存有一定争议的人物，那些争议我们可以不去管他，我们只要知道这个人曾经坚定支持王安石变法就行了。

下了命令之后的第二天上朝时，宋神宗忍不住就问蔡确：“我昨天让你杀的人你杀了没有？”蔡确不慌不忙地回答：“我正要跟陛下说这事儿呢。”神宗问：“你对这事难道还有什么疑问吗？”蔡确看了看神宗，理直气壮地说：“老祖宗传下来的规矩是不得杀害读书人啊，祖宗之法不可违背，我不想让陛下开这个不好的先例，所以，没有执行您的命令。”一下子就把神宗皇帝的话给顶回去了。在号称以孝治天下的当时，祖宗之法是不容逾越的。一听说杀读书人违背祖宗之法，神宗皇帝也没脾气了，但是，这口气不出让他情何以堪？于是退而求其次，对宰相说：“不杀可以，那就刺面吧，把他发配到最荒凉的地方去。”

看过《水浒传》的朋友想必都知道，所谓“刺面”就是在犯人的脸颊烫上字，然后发配，这是次于死刑的一种刑罚。神宗皇帝以为自己已经够给大臣面子了，大臣们也应该投桃报李，配合一下，给自己一点面子。谁承想大臣们还真的没有给他这个面子。大臣们听了皇帝的话之后，并没有三呼万岁，而是由一个名叫章惇的人出面向皇帝进言说：“如果陛下您想要刺他的面，还不如杀了他呢。”“你这话是什么意思？”神宗皇帝非常不高兴地问。章惇不慌不忙地说：“陛下难道没有听说过‘士可杀不可辱’吗？在官员脸上刺字，以后就永远磨不掉了，这是奇耻大辱啊！”神宗皇帝听了，声色俱厉地嚷道：“这也不行，那也不行，难道朕身为九五之尊快意事便做不得一件？你们就不能按朕的意思办一件痛快事吗？”然而杀漕运使这件事终究还是没办成。

中国有一句老话说“公门里面好修行”，这话的意思是积德行善不一定非得出家去当和尚做尼姑，在各种各样的政府机构（公门）里面同样是可以“修行”的。“公门”中人尤其是司法机构中的工作人员手中往往握有生杀予夺的大权，在关系到其他人生命权、财产权等重大权利时，一定要慎之又慎，既重视“工具理性”，也尽可能重视“价值理性”。这样的司法才既有“高度”又有“温度”。

（二）古代老百姓往往只能自证清白，而这种自证往往充满了风险

在中国古代，并没有我们今天很流行的司法援助制度，在“公冶非罪”

这个案例中，救援公冶长的既不是孔老夫子，也不是其他人，而是公冶长自己。

“自证清白”说起来容易，做起来却很难，有的时候甚至要付出血的代价。这绝非危言耸听，而实在是有过相关的案例的。

看过金庸先生所写的《飞狐外传》的朋友想必都还记得书中提到的贫困农妇钟四嫂自证清白的故事。故事大致是这样的：钟四嫂所在的地方有一个恶霸地主号称“南霸天”，此人欺男霸女，无恶不作。有一次，恶霸家里丢了一只鹅，就捕风捉影地武断怀疑是钟四嫂家的孩子小三子偷了这只鹅，非要钟四嫂赔偿这只鹅。

钟四嫂为了自证清白，竟然非常惨烈地用一把刀活活地剖开了儿子的肚子。但是，恶霸南霸天竟仍然不放过钟四嫂一家，派人想要赶尽杀绝，结果遇上了正义感满满的雪山飞狐胡斐胡大侠，于是乎上演了一出“路见不平一声吼，该出手时就出手”的经典桥段。千万不要以为这个故事只是金大侠的虚构，事实上，金大侠本人都承认这个桥段来自真实的历史故事，故事的发生地就在广东佛山。金大侠在小说中这样写道：“吃螺误为吃鹅，祖庙破儿腹明冤，乃确有其事，佛山镇老人无一不知。今日佛山祖庙之中，北帝神像之前有血印石一方，尚有隐隐血迹，即为此千古奇冤之见证。”

当然，也有自证清白成功的，比如，唐代的狄仁杰。狄仁杰，字怀英，并州晋阳（今山西太原）人，是唐代武周时期的政治家。他为治理国家立下过汗马功劳，却命运多舛，屡屡遭受别有用心的朝廷官员或同僚的陷害与打击。

武则天长寿元年（公元 692 年）正月，酷吏来俊臣诬告狄仁杰等大臣谋反，将他们逮捕下狱。来俊臣和周兴等人，是臭名昭著的刽子手，落到他们手里基本上等于到阎王爷那里报了到。狄仁杰不想死，他想留得有用之身为国为民多做一些事情。但是，当时没有任何人能够救他，要活命只能靠自己，必须想方设法自证清白。来俊臣不可能放任狄仁杰这样做，所以，自证清白，对于狄仁杰来说几乎是不可能的事情。但是，狄仁杰做到了，他采取的是“麻痹对方，争取时间，面见皇帝，当面对质”的做法。原来，按照当时的律法规定，一经审问即承认谋反的人可以减免死罪。所以，刚一被抓，不等对方给他用刑，狄仁杰就当场认罪道：“大周革命，万物惟新，唐室旧臣，甘从诛戮。反是实！”——直接承认自己有谋反之心。

来俊臣得到口供，如获至宝，立刻将狄仁杰等人收监，只待来日行刑，不再严加防备。狄仁杰却利用了对方放松戒备的机会，先是写好一封喊冤书信藏在自己穿的破棉袄里，然后又假称让家里给他送换季衣服，借儿子前来探监的机会让他把藏有密信的破棉袄带走。狄仁杰的儿子狄光远按照父亲的吩咐拿着狄仁杰亲笔书写的申冤书向武则天诉冤，武则天看了立刻召来俊臣前来质问。

来俊臣自然不会承认狄仁杰是屈打成招的。武则天马上派遣一个使者前往狄仁杰所在的监狱实地查看，被派去的那个使者惧怕来俊臣的报复，甚至都没有看狄仁杰等人一眼，便回去向武则天复命说狄仁杰谋反是实，不存在什么冤假错案。

为了将这件案子办成所谓的“铁案”，来俊臣甚至还伪造所谓的“认罪书”——《谢死表》以便增强说服力。如果是一般人，可能也就蒙混过去了，但武则天是什么人？那可是千年一遇的女皇啊，她的眼里怎么容得下沙子？！觉得事有蹊跷，武则天决定亲自审问狄仁杰谋反案。审问的时候，武则天一上来就问狄仁杰为什么要先认罪。这个时候，高智商就显示出威力来了，原来这一切都在狄仁杰的谋划之中。他先是用一个“虚拟语气”告诉武则天一个简单的道理：“如果不怎么样，就会怎么样”——“如果我不先虚与委蛇，可能就没有机会再见到陛下您了”，以说明自己当时之所以“认罪”实在是有不得已的苦衷。然后，又用当时还不多见的“笔迹鉴定法”证伪——证明来俊臣提供给武则天的狄仁杰招供的《谢死表》系来俊臣伪造。这种既动之以情，又晓之以理的自证清白方式需要天时地利人和，其中任何一环出了问题，可能都会功败垂成。由此可见，自证清白之难，难于上青天。

在中国古代“自证清白”之所以极其困难，原因当然有很多，但其中很重要的一点是“疑罪从有”的司法氛围。倘若换一种思路，自上而下地实行“疑罪从无”的制度，那么，“自证清白”困难就不会那么难了，因为会有其他许多人帮助涉事的相关行为主体证明他的清白。

（三）古代的有些执法者能够知错就改

在我们之前提到的故事中，那位连名字都没有留下的执法者却给我们留下了深刻的印象，至少，他能够做到知错就改。虽说知错就改是一个人的基本品德，却不是人人都能做到。

东汉末年的袁绍就是知错不改的典型，至少在对待谋士田丰的时候是如此。“官渡之战”是大家都很熟悉的，这是中国历史上著名的“以弱胜强”的战役，曹操率兵两万，击败十万袁军。但是，许多人不知道的是，如果袁绍当初听了一个人的话，“官渡之战”完全可以是另一种结局，即并不是以袁绍的失败而是以曹操的失败告终。

这个人姓田名丰，乃是袁绍手下一个著名的谋士。在“官渡之战”前，他曾经献计给袁绍说曹操擅长用兵，变化无常，人数虽少，不可轻视，现在不如长期坚守。凭借山岭黄河的地势，拥有四个州的人马，外面联合英雄豪杰，内部实行农耕用以备战。然后挑选精锐部队，分为奇兵，趁敌人空虚轮番出战，骚扰黄河南面。敌人援救右边，我就攻其左边；敌人援救左边，我就攻其右边，使敌人疲于奔命，人民不能安于本业，我们还没有疲劳但对方已经困乏，用不了三年，安坐就可战胜敌人。

这个计策用今天的话说就是与曹操对敌应当采用“运动战加游击战”的方式，而不应采取“阵地战”的方式。刚愎自用的袁绍根本听不进去，贸然率兵前往官渡，结果大败亏输。一向诡计多端的曹操在大败袁绍之后曾经慨叹说：“假使袁绍用田丰之计，胜败尚未可知也。”袁绍率领部队返回时，一路上土崩瓦解，众军士都捶胸而哭：“如果田丰在这里，何至于到这个地步。”

有人对田丰说：“您这下一定会受到重用。”田丰却长叹一声说：“重用？怎么可能？我估计我的死期就要到了。”“您不是在开玩笑吧？事实证明是您对了而袁公错了啊。”那个人不解地说。“你只知其一，不知其二。”田丰叹息着说，“袁公表面宽厚但内心猜忌，不相信我的忠诚，而且我多次因为说真话冒犯他。如果他得胜，一高兴，还可能赦免我；但打了败仗，心中怨恨，内心的猜忌就会发作。要是出师得胜，我可能会保全性命，现在既然打败了，我就不指望活命了。”袁绍回来后，说：“我没有采纳田丰的意见，果然被他耻笑。”一向与田丰有矛盾的逢纪乘机进谗言说：“田丰听说将军败退，拍手大笑，正为他预言正确而欢喜呢！”袁绍于是就把田丰给杀了。通过这个故事我们不难看出那位连姓名都没有留下的执法者是多么值得尊重。

孔子最得意的弟子之一的子贡说过：“君子之过也，如日月之食焉。过也，人皆见之；更也，人皆仰之。”这话描画了一个理想的“君子”形象。但理想很丰满，现实很骨感，在现实生活中能够做到自我纠错的特别是公开进行自我纠错的人却并不多见。之所以如此，原因有很多，其中很重要的一点是佛家所说的“我执”，说得直白一点就是对自己的“面子”和“里子”考虑得太多，层级越高的人越是如此，所以，两千多年的中国古代封建社会尽管有近千名皇帝，但是敢于公开承认自己犯过错误，下过“罪己诏”的人却屈指可数。由此可见，要想成为一个君子，大家还需努力。

第四章

潜伏在成语“巢覆卵破”背后与法有关的故事

第一节

乱世的悲哀，悲哀的岂止是草根一族

“巢覆卵破”又作“覆巢之下，焉有完卵”，或者“覆巢之下，安有完卵”，也有称为“覆巢无完卵”的。这个成语的来源有两个，一个是西汉时期的著名思想家陆贾，他在《新语·辅政》中有这样的论述：“秦以刑罚为巢，故有覆巢卵破之患。”另外一个来源则与孔融有关。

孔融那可是名门之后，圣人的嫡系子孙。此人少年时期就留下了美好的名声，大家都很熟悉的“七岁让梨”“小时了了”“一门争死”等都与他有关；长大之后更是名声不减，而且官运比较亨通，先后担任过北军中候、虎贲中郎将、北海相，后兼领青州刺史。不久，被朝廷征为将作大匠，迁少府，又任太中大夫。祢衡谁都不服，却对孔融表示了应有的尊敬。

但是，就像很多智商高情商低的人一样，孔融其人的情商实在不是很高，至少不像他的智商那么高。他一向恃才傲物，专门和有权有势的人作对。我们知道，有些所谓的“读书人”确实比较喜欢与有权有势者作对，用一个说话比较刻薄的学者的话说，这样的人其实是想拿那些有权有势者来“碰瓷”——通过与这些世人眼中高不可攀的人较劲来彰显自己的与众不同。这种“碰瓷”其实是一个技术活，如何既把有权有势者这样的“瓷”给“碰”了，又不伤害“碰瓷者”自身，这并不是谁都能够干得好的。选择什么样的“瓷”，什么时候去“碰瓷”，“碰瓷”之后有没有后援，如何做到全身而退，等等，这些都是需要认真加以考量的，如果“碰瓷者”不想找死的话。而孔融，说老实话，实在不是一个合格的“碰瓷者”，先后被他“碰”过的“瓷”有屠夫出身，但有妹妹身为皇后给他撑腰的大将军何进；有虽然是边鄙之地西凉出身，但已经掌握朝廷生杀予夺大权的太师董卓；还有祖父虽然是宦官，但自身却是“治世之能臣，乱世之奸雄”的曹操。尤其是后者，也就是曹操，在诸如讥讽曹操给儿子娶袁绍的儿媳妇为妻、征伐北方少数民族乌桓等方面，孔融充分发挥了“毒舌”的口才，屡次三番地当众让曹操下不来台，搞得曹操不胜其烦，不由得动了杀机，于是指使一个名叫路粹的人上书“少府孔融，昔在北海，见王室不静，而招合徒众，欲规不轨，云‘我大圣之后，而见灭于宋。有天下者，何必卯金刀’。及与孙权使语，谤讪朝廷。又融为九列，不遵朝仪，秃巾微行，唐突宫掖。又前与白衣祢衡跌荡放言，云‘父之于子，当有何亲？论其本意，实为情欲发耳。子之于母，亦复奚为？譬如寄物缻中，出则离矣’。既而与衡更相赞扬。衡谓融曰：‘仲尼不死。’融答曰：‘颜回复生。’大逆不道，宜极重诛”。于是，汉末三个最特立独行的知识分子之一孔融被曹操下令杀害。为了斩草除根，曹操还下令将孔融全家抓起来一并处死。

孔融被捕时，家中里里外外的人一个个害怕得不行，但是他的两个孩子（一个九岁，一个八岁）却在那儿玩游戏，没有一点惶恐的样子。家人以为孩子不懂事，大祸临头还不知道，便偷偷地叫他们赶快逃跑。孔融也对执行逮捕任务的使者恳求说：“我希望只加罪于我本人，两个孩子能不能保全？”不料两个孩子竟不慌不忙地说：“父亲，你不要恳求了，他们不会放过我们的，覆巢之下，焉有完卵？恳求有什么用？”结果，两个孩子从容不迫地和孔融一起被抓去处死。后人即以“覆巢之下，焉有完卵”做成语用，比喻整体遭殃，个体（或部分）亦不能保全。

第二节

不应让圣人子孙的血白流——别人吃堑我要长智

那么，这个成语给予我们哪些启示呢？我想至少有以下几点：

（一）看人挑担不吃力，执法领域往往“知易行难”

早在春秋时期，《孟子·梁惠王》中就提出了一个很著名的执法理念，那就是“罪人不孥”。所谓“罪人不孥”指的是惩罚犯罪之人的时候，不能也不应累及他的家人，用后人的话说就是不应该“株连”。但是这话说起来容易，做起来却有些困难。汉文帝刘恒是汉高祖刘邦的第四个儿子。汉高祖死后，吕后专权，吕后的亲信掌握朝廷军政大权。公元前180年，吕后一死，太尉周勃、丞相陈平等大臣就把吕氏一党一网打尽，迎立时为代王的刘恒入京为帝，是为汉文帝。当上皇帝之后，刘恒继续他宽容平和的为人总基调，治理天下时采取以德服人的总策略。早在没当皇帝之前，刘恒就注意到一项法律制度的不合理，什么法律制度？就是所谓的“株连”制度。历史记载上最早明确实行“株连三族”法律的是秦国。据《史记·秦本纪》记载，秦国的第四代国君秦文公在公元前746年实行了这一法律。

汉承秦制，保留了这项制度，刘恒认为，法律是治理国家最公正的手段，它禁止暴虐，指导和保护善良的百姓。现在有人犯罪，就要将其无罪的父母、妻子和子女、同胞兄弟都视为罪人而收孥，这十分残暴，当予以废除。

按说，皇帝乃是九五之尊，金口玉言，他说什么就应是什么，孰料汉文帝这个指示却遭到了大臣们的抵制，他们认为“株连三族”已经流行了几百年，是很久远的法律，还是不改动为好。汉文帝却仍然坚持，再次下诏说，法律公正百姓就善良，罪刑相当老百姓就服从，而且教育百姓使之善良是长官的责任；不仅不能正确引导，反而还用不公正的法律来治罪，是驱使百姓走向暴虐，怎么可能禁止暴虐？朕看不出这有什么好，请你们进一步讨论。大臣们这才同意废除亲属相坐的“收律”。

没承想，汉文帝废黜了从秦代沿袭下来的“株连”法律之后不久，因为遇到一个人惹他生气，盛怒之下，竟然又下令把那个惹他生气的骗子“夷三族”，这样一来，“株连三族”的法律实际上就又恢复了。这个惹恼了汉文帝的骗子名叫新垣平，他是怎么惹恼了汉文帝的呢？这位新垣平先生不过就是观察了一下天空，向皇帝指出按照天象透露出的信息应该在什么地方建一座祠堂，然后不过又让人找了一个玉做的杯子，在上面刻了几个字献给皇上而已，结果竟然被汉文帝下令“夷三族”。由此可见，“株连”制度在中国古代影响何其深远。

提到“株连”，一般最多就是“株连九族”，但是，在中国古代还有被诛十族的，这个人不是别人，正是赫赫有名的方孝孺。方孝孺这个人用今天的话说，绝对是当时的“大咖”。他的父亲名叫方克勤，是当时有名的奉公守法的循吏。他的老师更牛，乃是被朱元璋称为“开国文臣之首”的宋濂。也许有人会说，方孝孺之所以有名，是因为既有名爹又有名师，所以名声在外，其实不然，或者说并不完全如此。因为方孝孺本人早在被朱氏王朝聘任出山之前就已经颇有贤名了。有一次，他因病卧床，家贫断粮，仆人向他诉苦，他回答说：“古人三旬九食，贫岂独我哉！”不久，他的父亲受到所谓的“空印案”的牵连不幸去世，他不顾朝廷官员的威胁，扶持父亲的灵柩一路跋涉返回故里，“哀动行路”——哀情感动了行路的人们。不久，他的孝心传到了朱元璋的耳朵里，朱元璋就把他召到南京。一见之后，朱元璋就对方孝孺产生了极大的好感，经过一番考察，朱元璋对方孝孺大为满意，并且让他做太子朱标的辅弼良臣，可惜的是朱标早早就去世了。方孝孺又曾经奉命给朱元璋的孙子蜀王世子讲学，深得蜀王之敬重。朱元璋出于长远考虑，没有马上重用他，而是想让他辅佐自己的继承人。朱元璋的这个用心可谓良苦，但是，好心不一定有好报，播下去的是龙种，收获的却可能是跳蚤。

在朱元璋去世之后，方孝孺果然被当时的皇帝建文帝朱允炆重用，但这也恰恰为他后来的悲剧结局埋下了伏笔。在燕王朱棣起兵造反后，方孝孺坚定地站在代表正统的建文帝朱允炆一边，宁死不降。其实，方孝孺是有机会活命的，早在朱棣起兵之时，他的主要谋士姚广孝就曾经向朱棣建言，攻打下南京之后一定不要伤害方孝孺，以便为天下保留一点读书的种子。朱棣也早就听说过方孝孺的大名，因此一开始的时候对他还是非常客气的。但是，坚守“汉贼不两立”底线的方孝孺却不肯放弃自己的做人原则，坚决不与朱棣合作。

一怒之下，朱棣威胁他说：“难道你就不怕我灭掉你的九族？！”方孝孺毫不畏惧地回答：“你就算灭我的十族我也不会跟你合作！”结果恼羞成怒的朱棣竟然真的在传统的“九族”之外，又加了一个“学生”一族，愣是凑足了“十族”，并且一起都给灭掉了，留下了一桩非常血腥的惨案。

当然，这些都是题外话了。

回到“巢覆卵破”这个成语典故问世的现场，其实，我们本章的两个小主人公，也就是孔融的两个孩子本不应该受到牵连的。

同样是在三国时代，还有一个著名的人物嵇康，也是因为得罪了当时的实际统治者司马昭而惨遭杀害。事情的始末是这样的：掌权的大将军司马昭欲礼聘嵇康为幕府属官，嵇康却跑到河东郡躲避征辟。司马昭的亲信司隶校尉钟会携盛礼前去拜访，遭到嵇康的冷遇。同为“竹林七贤”之一的山涛离任尚书吏部郎之职时，曾经举荐嵇康代替自己。嵇康作《与山巨源绝交书》(山涛字巨源)，列出自己有“七不堪”“二不可”，坚决拒绝出仕。最终，嵇康被司马昭下令杀害。临死之前，嵇康把自己的一双儿女托付给了山涛，并对自己的儿子嵇绍说:“巨源在，你不会成为孤儿了。”嵇康死后，山涛也没有辜负嵇康的重托，一直把嵇绍养大成才。山涛和王戎，在嵇康被杀害之后，对嵇绍一直都特别照顾，他们尽到了朋友应尽的道义与责任，使得这个孤弱的孩子，即使失去了父亲，却还拥有他们慈父般的关怀与教导，不再那么无依无靠，这是成语“嵇绍不孤”的由来。

从这个意义上说，司马昭还是要比曹操人道一些，或者说，嵇康的人缘可能比孔融要好些。更加意味深长的是，后来，当司马昭的后代晋惠帝司马衷面临生命危险的时候，恰好是嵇康的儿子嵇绍奋不顾身，拼死相救，此举甚至感动了“留取丹心照汗青”的文天祥，后者在有名的《正气歌》中专门提到了嵇绍，将他列为值得尊敬的“正气之人”。俗话说，“为人留一线，日后好相见”。曹操容不得别人的不同意见，而且还斩草除根，图一时痛快，但到了他的后代面临生死存亡的时候，却没有像嵇绍这样的忠臣前去保驾。所谓“天网恢恢，疏而不漏”，古人诚不我欺也!

“知易行难”这四个字充满了哲理，即使是一般的人能够做到都不太容易，身处高位的人能够做到就更难。拿我们刚刚提到的那位方孝孺来说吧，他是被起兵“清君侧”的朱棣所杀害的。其实朱棣一开始的时候并没有想杀方孝孺，更没有想灭掉他的十族。当年从北京起兵“清君侧”的时候，朱棣曾经亲口答应一个名叫姚广孝的人，有朝一日打下南京一定留方孝孺一命，后来却食言了。朱棣的口惠而实不至，再一次说明了执法领域“知易行难”的普遍性。

（二）不适当的自况有的时候是要付出被执法的血的代价的

人难免有自况的时候，换句话说，每一个人可能心里都有一个梦，在梦中自己会成为自己崇拜的人。如果你的运气足够好，自身水平也不差，一不留神就将梦想变成了现实，那你有可能会成为别人的崇拜对象；如果你的运气不佳，自身水平又很差的话，那么，你极有可能成为别人的谈资甚至笑柄。

前者的例子如诸葛亮。据《三国志》记载，年轻时候的诸葛亮经常自比管仲和乐毅。这两个人一文一武，文的管仲曾经协助齐桓公称霸天下，武的乐毅曾经统帅燕国等五国联军攻打齐国，连下七十余城，创造了中国古代战争史上以弱胜强的著名战例。后者的例子也和诸葛亮有关，不过不是字孔明的那个诸葛亮，而是“带汁诸葛亮”。这个“带汁诸葛亮”是谁呢？话还得从“开禧北伐”说起。“开禧”是宋宁宗赵扩的年号，所谓“开禧北伐”指的是由当时著名的权臣韩侂胄主导的对金国的一场战争。这场战争爆发于公元1206年，身为开府仪同三司，官至太师、平章军国事的韩侂胄为了证明自己并非只是依靠裙带关系才获得高位，所以就接受了当时一位新科进士“乘机以定中原”的建议，力主北伐。只是当时的金国虽然已经不是当年曾经气吞万里如虎，一举灭掉北宋的金国，但是，韩侂胄所在的却仍然是换汤不换药的宋朝。“国家将亡，必有妖孽”，我们的主角郭倪就是在这样的背景下出场的。

当时的郭倪担任的是殿前副都指挥使。殿前副都指挥使这个职务还是比较重要的，乃是中央直属部队的指挥官之一。郭倪这个人也不是一无是处，至少他任用的一个名叫毕再遇的将领就非常擅长领兵作战。在毕再遇的率领下，南宋军队在作战的前期曾经取得过一些胜利，先后攻取了被金国长期占领的泗州、虹县等地。但是，不怕神一样的对手，就怕猪一样的队友。韩侂胄任用的南宋西线方面军最高统帅吴曦竟然里通外国，在四川私通金国，自立为蜀王，使得金国军队无后顾之忧，等于断了韩侂胄主导的南宋北伐军一臂；而韩侂胄任用的另外一个东路军主将丘密又与金国军队暗通款曲。这让原本就没有什么水平，却又十分自负的郭倪进退失据。说到这里，有必要说一下这位十分自负的郭倪郭大将军为什么要以诸葛亮自诩。三国后期一直到西晋建立，由于诸葛亮所在的蜀汉帝国代表的是当时的“割据势力”，所以，诸葛亮并没有受到当时人的推崇。撰写《三国志》的陈寿虽然原本是蜀国人，但在《三国志》一书中提及诸葛亮的时候也只能说“应变将略非其所长”；到了东晋，由于同样偏安一隅，东晋小朝廷对诸葛亮的评价发生了一些微妙的变化，但并不明显；隋唐乃至北宋时期，当时的主流话语层对于诸葛亮及其同时代的杰出人物并无倾向性十分鲜明的偏爱，虽然由于种种原因，杜甫比较偏爱诸葛亮，但我们许多人都耳熟能详的另外两位大文豪李白和苏东坡却对与诸葛亮同时代的另外一位允文允武的杰出人士周瑜周公瑾推崇备至，先后写下过著名作品如《赤壁歌送别》《念奴娇·赤壁怀古》等予以宣推；只是到了南宋，可能由于再次偏安一隅而对当年同样僻处西南的蜀汉帝国同病相怜的缘故吧，诸葛亮才再一次被重视，甚至开始被神化。

正是在这种情况下，郭倪才会在自己的扇子上写下杜甫赞颂诸葛亮的那两句诗“三顾频烦天下计，两朝开济老臣心”，并且经常以诸葛亮自诩。

可惜的是，骑白马的不一定都是唐僧，拿棍子的也不一定都是孙行者。一旦遇上了猪一样的队友，原本就没有什么大本事的郭倪在金国军队的反攻之下只好溜之大吉。如果平常比较低调也就罢了，谁知这位郭倪平常还十分高调，常常以诸葛亮自诩，而一旦遇到麻烦却并无诸葛亮的忍辱负重，听闻自己所率领的军队大败亏输竟然涕泗横流，鼻涕一把泪一把，于是，一个颇有几分“黑色幽默”的绰号新鲜出炉，郭倪本人从此有了一个“带汁诸葛亮”的“美名”。

本章的主角之一孔融也是一个胡乱打比方的人。他经常与自己的好朋友祢衡相互表扬，一个人称呼对方“仲尼不死”，另一个人则称呼对方“颜回复生”。而他本人也经常说：“我大圣之后，而见灭于宋。有天下者，何必卯金刀。”（按照正统的观点，这是标准的“反动言论”。）正是因为在言语上非常不检点，所以，孔融最终才被小人所诬陷，付出了血的代价，他本人也成为悲剧性的人物。

当然，如果孔融足够强大，强大到像后赵开国皇帝石勒那样，那怎么自况估计也不会危及到他的性命。石勒这个人曾经在一次接见外国使臣的宴会上对自己有一个自况。我们都知道，自况往往是需要一定的“参照物”的，比如，诸葛亮就经常以管仲、乐毅自诩，管仲和乐毅这两个人实际上就是诸葛亮自况时的“参照物”。那么石勒当时的“参照物”是谁呢？要回答这个问题，就有必要介绍一下石勒当时自况的“语境”。前面我们已经说了，那是一个接见外国使臣的场合，既然是接见外国使臣的场合，在场的肯定不止石勒一个人，他的许多手下肯定都会在场陪同，这一点古今同理，哪有让领导一个人出场的？正是因为有手下在场，这种自况才非常有意思，因为现场给出的“参照物”不止一个，至少有汉高祖刘邦、魏武帝曹操、魏文帝曹丕、三皇五帝之一的黄帝、东汉光武帝刘秀，以及韩信、彭越、司马懿父子等近十人。这么多的“参照物”可并不都是石勒自己找的，他的一个名叫徐光的手下“贡献”了前面的那三个。在徐光看来，石勒远超刘邦和曹操，仅次于三皇五帝之一的黄帝——至少这位徐光徐大人是这么说的。我们都知道，三皇五帝之一的黄帝那是神一样的存在，属于“永远被模仿，从未被超越”的“超级偶像”，徐光把自己的“老板”比成黄帝那是遵守古今一理的“潜规则”。如果换了一个人估计肯定会欣然接受了，但石勒却并非一般的人。他对手下人说，自己遇到刘邦，只能给他“打工”，与韩信、彭越等人并驾齐驱；遇到刘秀则可以与之一较高低；但不管怎么说都羞于与曹操、司马懿父子那样的人为伍，所以，他给自己“自况”的定位是处于二刘（刘邦、刘秀）之间，不敢与黄帝相比。当然，即使是谦虚，这样的这个“自况”也只有当了皇帝的人才敢于这么说，换一个不是皇帝的人这么说那可是要掉脑袋的啊！

（三）诬告别人犯法的人下场往往也很可悲

前文中写到，虽然是曹操想要除掉孔融，但直接的打手却是一个名叫路粹的人。路粹其人，曾经拜在蔡邕的门下，用今天的话说那可是名师弟子。但是，一个人的人品和他是否拜在名师门下并不一定成正比，正如当今的某明星“考上”了著名学府北大的“博士后”，不一定意味着他的博士论文不存在抄袭造假一样。所谓“名师出高徒”，实际上说的只是弟子的学问，不一定包括弟子的人品。

正是有感于此，古人才宁可要有德无才的君子，也不要有才无德的小人的。《后汉书》记载："融诛之后，人睹粹所作，无不嘉其才而忌其笔也。"这段话翻译成现代汉语就是，自从孔融被杀之后，人们再看到路粹写的东西，全都认为他有才但是怕他那支笔。《后汉书·郑孔荀列传·孔融》记载了路粹诬告孔融的那篇文章，那篇文章首先诬告孔融对于东汉朝廷不忠；然后，又污蔑他里通外国，与东吴孙权交好；接着又指出孔融论及子女与父母的关系时用的语言大逆不道；最后又指出孔融梦想成为圣人，并且与曹操所厌恶的祢衡私交甚好。概括起来说，就是不忠不孝、大逆不道。有了这些罪名做铺垫，曹操便就坡下驴杀了孔融。吊诡的是，路粹这个诬告者最终的下场也很可悲。建安十九年（公元214年），他跟着曹操的部队到汉中，竟然"坐违禁，贱请驴，伏法"，意思是，因为违反禁令，低价卖掉军中的驴子，被杀。正应了那句古话："不见剃头者，人亦剃其头！"

以往，人们在谈论"覆巢之下，安有完卵"这个成语时可能更多看到的是像曹操这样的行为主体对于"覆巢"的残酷打击，看到的是中国古代政治斗争的血腥，但很少去想一下像孔融这样的"覆巢"的主人其自身是否也存有什么问题。这种只图一时之快而往往置家人于不顾的人，也是我们应该警惕甚至鄙视的，连家人都不顾的人恐怕没有什么人性。当然，任何事情都不绝对，"覆巢之下，安有完卵"其实也有例外，比如"竹林七贤"之一的嵇康被司马氏所杀后，他的儿子嵇绍就在山涛等人的照顾下活了下来，并且活得还很好，甚至后来还成了文天祥笔下的大英雄。嵇绍与山涛的故事让我们看到了黑暗时代的一抹亮色、残忍环境中人性的光辉。

第五章

潜伏在成语“一意孤行”背后与法有关的故事

第一节

切不可望文生义，古今含义原来可以大逆转

“一意孤行”的意思是不接受别人的劝告，顽固地按照自己的主观想法去做。但它问世之初，是不带任何贬义的。

这个成语与一个名叫赵禹的人有关。赵禹是西汉时期的司法官员，斄县（今陕西武功西南）人。汉景帝三年（公元前 154 年），因为廉洁而担任令史，侍奉太尉周亚夫。汉景帝五年（公元前 152 年），周亚夫担任丞相，赵禹担任丞相史。丞相史是一个什么级别的官呢？有人说丞相史就是丞相长史，这完全是胡说八道，二者虽然只有一字之差，却有着云泥之别。

丞相长史是协助丞相管理文书等事务的高级官吏，秩级为千石丞；丞相史秩级为四百石，不过是丞相府的基层小文官。

在给周亚夫担任丞相史期间，赵禹充分展示了他的办事能力，但并没有让周亚夫感到满意，因为，丞相史虽然只是一个四百石的小官，但是也不是谁想当都能够当上的。一般来说，在西汉初年做这种基础性文秘工作，德行标准往往是排在文字能力之前的。熟悉“萧规曹随”这个成语的朋友想必都记得曹参接替萧何担任相国后，“举事无所变更，一遵萧何约束”，“择郡国吏木诎于文辞，重厚长者，即召除为丞相史；吏之言文刻深、欲务

声名者，辄斥去之”。用今天的话说就是，丞相史这个官职只任用那些少言寡语、忠厚老实的人，而非花言巧语之辈。

参照曹参时的标准，用过去的尺子来衡量赵禹，周亚夫得出一个结论：赵禹其人有才无德，做人不厚道，不可任高官。按照一般人的一般推理，赵禹的仕途之路恐怕就要就此打住了。但是，任何规律都有例外，赵禹的仕途不但没有没落，反倒不断进步。原来，是因为周亚夫得罪了汉景帝，在包括但不限于废立太子、皇后兄长封侯等问题上与汉景帝对着干，结果死于非命。

汉景帝去世之后，赵禹在汉武帝一朝先后担任过御史、太中大夫等职务，这两个职务可是比丞相史厉害多了。我们都知道，自秦朝开始，一直延续到清朝，御史作为监察性质的官职，专门负责监察朝廷官吏，而太中大夫则掌论议，二者有一个共同点，那就是都是负责给别人挑毛病的。换句话说，赵禹这个时候手中的权力很大，具备了“权力寻租”的条件。如果换作一般的人，很可能会拿这个做点文章，给自己捞点实惠，当时的人其实也是这样想的。赵禹当上了御史和中大夫之后受命与张汤等人一起制定一部新的法律。这部法律对于朝廷士大夫们非常不利，公卿们就带了重礼来到赵禹家，想要贿赂他请他手下留情。谁知赵禹见了这些同僚，只是天南海北地闲聊，丝毫不理会公卿们请他修改律法的暗示。公卿们见实在说不下去了，便起身告辞。临走的时候，赵禹硬是把他们带来的重礼退还。这样一来，人们才真正感到赵禹是个极为廉洁正直的人。有人问赵禹，难道不考虑周围的人因此对他有什么看法吗？他说，我这样断绝好友或宾客的请托，就是“孤立行一意而已”，也就是为了自己能独立地决定、处理事情，按自己的意志办事，而不受别人的干扰。这就是成语“一意孤行”的来历。

第二节

太阳底下没有什么新鲜事

那么，潜伏在成语“一意孤行”背后的法的故事究竟能够给我们哪些启示呢？我想这些启示主要有以下几点：

（一）处置渎职者并不是一件容易的事

所谓渎职罪是指国家机关工作人员在履行职责或行使职权过程中，玩忽职守、滥用职权、徇私舞弊，导致伤害或损失，致使国家财产、国家和人民利益遭受重大损失的行为。这是现代意义上的解释，其实，在中国古代也是时有渎职现象发生的。

据《史记·张释之冯唐列传》记载，汉文帝就遇到过这样的事情。当他“深入基层”前往当时的皇家园林上林苑“考察工作”的时候，上林苑的“一把手”上林尉一问三不知，而上林尉的下属啬夫却问一答十，非常流利地回答了汉文帝提出的所有问题。俗话说，没有比较就没有鉴别，没有比较就没有伤害。听了啬夫的对答之后，汉文帝“现场办公”，做出了一个决定，将一问三不知的上林尉就地免职，提拔啬夫接替上林尉的职务。

故事如果到了这里就结束了，就少了那么点意思，这无非就是大老板巡视基层，偶尔发现手下人不称职，犯有渎职罪，因此把他拿下，换上比较称职的人，仅此而已。但是历史有的时候堪比好莱坞电影，常常在人们想不到的地方突然来一个大反转。

汉文帝下达命令之后，很悲哀地发现，手下大臣竟然拒不执行他的命令，啬夫接替上林尉职务的事尚未进入人事任免程序，一个名叫张释之的大臣（前面提到过此人）就站出来唱反调。张释之倒是没有直接说这件事不行，而是绕了一个弯，先跟汉文帝扯起了闲篇，君臣二人就周勃和张相如这两个西汉开国功臣的口才问题与他们的实际才能问题之间的关系进行了有趣对话。张释之认为，有些人属于“内秀”，他们虽然不善言辞，但“讷于言而敏于行”，这样的人应该得到重用。接着，张释之又拿西汉开国几代皇帝都十分重视的秦朝为什么灭亡这件事来说事，他认为秦朝之所以灭亡，很重要的一个原因是重用那些只会耍嘴皮功夫的官吏，把汉文帝唬得一愣一愣的。张释之的这些话其实有些偷换概念，甚至有点强词夺理，上林尉的本职工作就是管理上林苑，作为上林苑的管理者，一问三不知就是渎职，皇帝看到了对他进行惩戒，这与秦朝亡不亡国实在不是一个层面上的事情。

但汉文帝是一个厚道人，张释之又是一个长者，而且把一个小人物的提拔和罢免都上升到亡国的地步了，汉文帝只好让步。于是，那位好不容易表现一回的“虎圈管理员”就与升迁的机会擦肩而过，而且还成了管理学上的反面案例。

汉文帝虽然没有办成奖勤罚懒这件事，却给我们留下了一个富有隐喻的故事。这个故事从一个侧面说明，西汉时期最高统治者并不喜欢渎职的人，但是却迫于强大的传统惯性，轻易不能够惩罚玩忽职守者。作为一个熟知本朝典故的人，赵禹对这段往事肯定不陌生，作为一个制度主义者，他非常相信可以借助制度的力量来惩治那些渎职者，一旦自己有了机会并且有了能力之后，他会毫不犹豫地建议朝廷制定相关制度，惩治那些玩忽职守的渎职者，这个机会在汉武帝时代终于来了。

受汉武帝的委派，赵禹与另外一位大臣张汤一起制定各项法令，制作“见知法”。所谓“见知法”，是指官吏知他人犯罪而不举以故纵论处，用今天的话说，就是政府部门工作人员明明知道别人触犯了法律却不尽举报之责，就要被问责。这项制度不可谓不好，但是由于种种原因，实际执行起来却并不如人意，以至于到了后来变成一纸空文。据《汉书·宣帝纪》记载，汉宣帝黄龙元年（公元前 49 年），朝廷曾经下诏书说“上计簿，具文而已，务为欺谩，以避其课”——因为当时主管官员审计工作的人员不负责任，导致国家受到损失，因而下诏书给御史“御史察计簿，疑非实者，按之”，让御史监督检查审计人员的工作。当然，这都是后话了，不管怎么说，赵禹当年制定相关制度的出发点不能不说是好的。

前些年曾经有一位诗人写过一首题为《社会》的诗，整首诗只有一个字：“网”。这首诗虽然只有一个字，但却非常形象地说明了作为社会关系总和的人与自然人之间的区别。正是因为身处“网”中，往往牵一发而动全身，所以，我们常常看到明明是一件非常简单的事情，但处理起来却常常很复杂，只有挣脱人情之“网”才有可能成就一番事业。

（二）过人情关很难，弄得不好就有可能招来横祸

赵禹要制定一部限制、规范朝廷大臣行为的法律，站在他的角度，这件事情很有必要，非常值得一做。但是，倘若站在朝廷大臣的角度，许多

人肯定不会这样想，许多人甚至会觉得赵禹是狗拿耗子多管闲事，吃饱了撑的。所以，认识的、不认识的纷纷上门游说赵禹改弦易辙，不要与大家为敌。这些人不管赵禹认不认识，他们用一个非常有名的小品演员的那句著名台词加以表述的话，那可都是“有身份证的人”，这一关实在不那么好过。

英雄无奈是多情。人情关过起来真的很难，弄得不好就有可能招来横祸。这方面生活时代略早于赵禹的晁错是有着深刻教训的。晁错这个人是一个悲剧式的人物，他出生于河南禹州（当时称为颍川），从小就显露出极其高的才华，曾经先后跟随著名学者张恢、伏生学习。赵高的第二位老师伏生，乃是当时为数不多的大儒，此人是孔子弟子宓子贱的后裔，秦始皇统一中国后他曾经担任过大秦帝国的博士（官名），在秦始皇“焚书坑儒”的时候拼死保护儒家经典《尚书》，藏《尚书》于墙壁之中，最终保护下二十九篇。西汉初年，伏生拼死保护传统文化经典的事迹传到当时的长安，朝廷想征召他前往担任官职。但伏生当时已年过九十，没有办法去长安，当时的皇帝汉文帝只好派一个钦选的学生前往伏生家里学习，这个被皇帝钦点、奉旨学习的学生就是晁错。俗话说，学成文武艺，货与帝王家。学成归来的晁错受到了汉文帝以及其后的皇帝汉景帝的重用，先后担任过太常掌故、太子舍人、博士、太子家令、内史，后官至御史大夫。在担任御史大夫期间，晁错力主推动了一项非常重大的“政治体制改革”——削藩。这项改革事关西汉帝国的“国本”。熟悉秦汉历史的朋友想必都知道，秦朝与汉朝虽然首尾相连，但却实行了完全不同的政治体制。秦朝实行的是“郡县制”，将天下划分成三十六个郡，中央对于地方事务有直接的管辖权，郡县的官员也都直接由中央任命；而西汉立国之初，可能有感于秦朝不分封皇族子弟而导致“二世而亡”的教训，刘邦大肆分封刘氏子弟为诸侯王，各个诸侯王在各自的封国里俨如皇帝，中央政权的权威受到了极大的挑战。为了扭转这个局面，晁错上书给当时的皇帝汉景帝，力主削藩。此书一上，舆论一片哗然，许多人找到晁错，让他收回这封奏折。晁错不为之所动。这些人一计不成，又生一计，竟然打起了“亲情牌”，把晁错的老爸从家乡颍川请到京城，让他对儿子进行劝诫。晁错的老爸认为儿子闯下了滔天大祸，见到儿子后，接连用了诸如“侵削诸侯，疏人骨肉，口让多怨”等排比句责备儿子，要他悬崖勒马，不要一意孤行。这个时候，晁错至少有两种选择：一种是听从亲情的召唤，马上上书给皇帝，收回自己的主张；另外一种是继续坚持自己的诉求，把削藩事业进行到底。晁错义无反顾地选择了后者，结果当然非常悲惨，不仅老爸留下了“吾不忍见祸逮身”的遗言服毒自杀，晁错自己最终也被曾经鼎力支持他的汉景帝腰斩于闹市。

晁错之死从一个侧面证明了要干成一件事需要付出多么大的代价。也许有的人认为包括晁错在内的人不顾亲情去做一件事情有点傻，甚至不值得，但笔者却不这么认为，而且不光笔者不这么看，太史公司马迁也不这样看，在《史记》中司马迁称赞晁错“不顾其身，为国家树长划”。这个评价晁错当得起！

（三）能战方能言和，严格执法才有资格宽松量刑

早年的赵禹执法非常严格，甚至到了严苛的程度。但是，到了汉武帝晚年的时候，赵禹执法反而宽缓，因而得到轻平的名声。这种前后判若两人的情况，无论是在中国古代还是现代，无论是在中国还是在外国，都不少见。尼克松是美国第三十七任总统。1948 年，作为众议院非美活动委员

会的成员，尼克松参与了希斯间谍案。他是该调查的坚定支持者，在有证据表明希斯无罪时，他还要求委员会继续调查，因此被视为是共和党保守派成员和麦卡锡主义的帮凶。换句话说，那个时候的尼克松是强硬的反共分子。所以，别人有可能怕被扣上软弱的帽子，但尼克松不怕，因为他本身就是个有名的反共分子。唯其如此，上台以后的尼克松能够审时度势，及时改善与中国的关系。古人说，能战方能言和，这话说得还是很有道理的。有人说，赵禹没有定力，不能够将自己一向主张的执法理念坚持到底，这话也得分怎么看。

古希腊哲学家赫拉克利特有句名言“人一生不能两次踏入同一条河流”，这话说的是世界上的万事万物是处在不断发展变化的过程中的。同样的道理，一个人不可能生活在永远不变的环境中。面对外部环境发生的变化，当事人至少有两种选择：一种是以变应变；另一种是绝不改变。古往今来凡是成就大业者往往都不约而同地选择前者，比如汉武帝刘彻。提到汉武帝，许多人可能首先会想到他的赫赫武功，的确，在西汉各位皇帝之中，汉武帝可能是最好战的，至少在其生命的大部分时间里都是如此。熟悉西汉历史的朋友们想必都知道，西汉初年，从刘邦开始，中间历经惠帝、吕后、文帝、景帝等数任统治者。除了刘邦登基之初曾经有过一点血性，敢于向当时的北方少数民族匈奴亮一下剑之外，其他几位基本上都是被北方少数民族压着打。在国内一向豪横，曾经将“多多益善”的大将军韩信设计斩杀的吕太后甚至在匈奴单于公开写信对她进行调戏时也不敢反击。直到刘彻继位成为汉武帝之后，西汉帝国才真正有了阳刚之气。对于那些屡次三番侵略西汉帝国的匈奴首领，刘彻的对策就是一个字：打。宋代政治家、军事家李纲在一首词中称赞汉武帝说“猎取天骄驰卫霍，如使鹰鹯驱雀。鏖战皋兰，犁庭龙碛，饮至行勋爵”，三国时期著名文学家曹植也称赞汉武帝“威震百蛮，恢拓土疆”。汉武帝在位的五十五年里，虽然不是“一年三百六十日，日日横戈马上行”，但绝大部分时间都施行对外强力扩张的政策却是一个谁也否认不了的事实。但就是这样一位“好战分子”到了生命的晚年却在征和四年（公元前89年）三月封禅泰山后，对众臣说下这么一番话：“朕即位以来，所为狂悖，使天下愁苦，不可追悔。自今事有伤害百姓，糜费天下者，悉罢之。”曾经有人认为这段出自《资治通鉴》的话不一定真实，但笔者却认为，这段话非常真实地折射出刘彻的心路历程。人都会变的，有了这段话，我们才看到了一个真实的汉武帝。

纵观不同时期的汉武帝，简直判若两人，正是因为有了前面的汉武帝做映衬，才使得后来的汉武帝更加真实可信，也才使得其后的西汉帝国可以安享几十年的太平。同样的道理，正是因为有了前面的严苛，才使得赵禹后来的轻平有了可能。

这就是辩证法！

相关链接

养犬自保。清代乾隆年间讷亲担任领侍卫内大臣，协办总理事务，封一等公，官至保和殿大学士兼吏部尚书、军机大臣，可谓权倾朝野。“干部人事任免、财务预算、工程建设、行政审批、物资采购”这五项“惹事”工作，兼职多多的讷亲是一个也不能少。一时间，到他府上跑官求办事的多如“过江之鲫”。当时的乾隆皇帝反腐力度很大，讷亲当然知道其中的利害，为了防止自己出事，也为了告诫众人，他想出了一招，养了只凶恶的狼狗拴到门口，专门用来恐吓到家里“跑事”的人。后来讷亲“犯事”被斩，乾隆皇帝还拿讷亲的狼狗说事，讽刺讷亲搞形式主义，自欺欺人。

第六章

潜伏在成语“奉公守法”背后与法有关的故事

第一节

初出茅庐的毛头小子硬怼战国四公子之一的平原君

“奉公守法”出自司马迁的《史记·廉颇蔺相如列传》，原本写作“奉公如法”。这个成语涉及两个历史文化名人，一个是“战国四君子”之一的平原君赵胜，一个是赵奢。对前者，相信许多读者朋友不会感到陌生，今天我们仍然在使用的成语“毛遂自荐”就与他有关；对后者，估计知道的人不一定多。其实，这个人也很有名，是战国时代的赵国人，与廉颇齐名的军事家，其子正是“纸上谈兵”的赵括。

这个人打起仗来是一个有真本事的人。不过，本章所要讲述的成语故事发生在赵奢领兵打仗之前。

那个时候，赵奢不过是一个田部吏，也就是征收田赋的官吏，其职务有点像今天的税务局基层官员。众所周知，任何时代，税务官都是令人敬畏的，但是，赵奢这个田部吏有一天却碰到了一个“硬茬”，当他前往平原君家里收税的时候，竟然碰了壁——平原君的家臣拒绝交税。

我们都知道，赋税乃是国家经济的命脉，军事与国防建设都离不开税收。早在公元前594年，鲁国就已经开始实行“初税亩”“作丘甲”“用田赋”，按私人占有土地面积计亩征收税、军赋、田赋等。其后，郑国、秦国相继跟进，都是把国家的正常运转建立在土地的税收基础上。到了战国时期，以井田制为中心的土地所有制被废除，封建田赋制度确立。当时田赋征收有“税地”和“税人”之说。无论是“税地”还是“税人”，平原君都不同意——这也并不是平原君搞特殊，从春秋战国一直到清代，历朝历代都有那么一些人自以为身份特殊，想方设法地偷税漏税。比如说，有明一代，凡是考取了举人或进士的读书人，一旦金榜题名之后，会有很多人前来投靠，这些投靠者往往把自己名下的土地交给金榜题名的进士或举人。之所以如此，是因为投靠在金榜题名的读书人名下可以免除赋税。换句话说，在以往的历史时期，有些人是享有免税特权的，这在明朝是有专门的法律规定的。

但是，这时是战国，不是明朝。就算是国君睁一只眼闭一只眼假装看不到，您也不应该太过分——这大概就是赵奢当时的想法。

战国时代权臣横行，后世许多人津津乐道不已的所谓“战国四公子”——孟尝君、平原君、春申君、信陵君实际上从某种意义上说，不过就是四个“黑帮老大”，用韩非子的话说就是“儒以文乱法，侠以武犯禁”。

平原君听手下人报告说有一个名叫赵奢的田部吏特别认真，自己的手下愣是被他给依法处决了好几个，不由得勃然大怒，立刻命人把赵奢绑了起来，准备把他杀掉。在战国时代，权臣杀一个人还真不是什么了不得的大事，不要说像此时的赵奢这样的小人物，就是有头有脸的大人物，往往也是杀了就杀了。“窃符救赵”是大家都很熟悉的，在这个故事中，隐居在市井之中当屠夫的朱亥受命与信陵君一起前往时任大将军的晋鄙那里夺取兵权，后者拒不执行命令，朱亥抽出大铁锤就把晋鄙给杀了，结果也没有什么事。所以，赵奢当时可谓命悬一线，如果说的话不给力，很可能就不会有后来的赵国名将马服君赵奢了，也肯定不会有“纸上谈兵”的赵括了。

当然，历史是不能假设，也没有什么假设的。

赵奢被平原君下令抓起来之后，一点也不慌张，只是要求与平原君赵胜见上一面。见到平原君之后，赵奢说出了自己惩治平原君家臣的理由：“我之所以杀掉那几个家伙，实在是为了您的根本利益啊！公子您是赵国的贵公子，现在带头纵容家臣不遵守国君的命令，抗命不缴纳赋税。您这一抗命，国家法律的尊严就会受到削弱，法律尊严受到削弱国家就会受到影响，有可能变得弱小；国家弱小恐怕其他诸侯国就有可能侵略我国；倘若其他诸侯国侵略我国，赵国很可能就不复存在了，到了那个时候公子您恐怕也就没有什么富贵可以享受了。凭着您的身份，如果能够奉公守法的话，全国上下就太平；全国上下太平，国家就强大；国家强大，赵国就稳固，您作为赵国重臣贵戚，就会被天下人仰视。牺牲掉几个微不足道的小角色，换来的是天下人对您的仰视，您觉得这划不划算？”这番话充满了哲理，平原君是一个聪明人，自然分得出轻重，在关系到自己切身利益的前提下，他选择性地忽略了那几个因为抗拒执法而被杀死的家臣，并且把赵奢推荐给赵国国君，请求国君重用他，“王用之治国赋，国赋大平，民富而府库实”。

第二节

古人的酒杯也可以浇今人的块垒

那么，潜伏在成语“奉公守法”背后与法有关的故事能够给我们哪些启示呢？我想至少有以下几点：

（一）税赋执法从来都是个大问题

税赋乃是国家的命脉。管仲在《管子·权修》中说过“取于民有度，用之有止，国虽小必安。取于民无度，用之不止，国虽大必危”。这段话非常形象地道出了税赋在国家治理中的重要作用。每一个国人都有向国家缴纳税赋的义务，但是，总有那么一些人，时刻想着凭借自己的特殊身份去偷税漏税、拒不缴税，之所以如此，可能有以下一些原因：

一是主观原因。从主观上看，是相关行为主体特权思想在作怪，套用电影《小兵张嘎》中的胖翻译的话说，“老子在城里吃馆子都不要钱，别说吃你几个烂西瓜”。

二是客观原因。从客观上看，比如战国时期豪门流行养士，动辄几百甚至上千，如何解决这些士人的衣食住行？古代工商业不发达，也没有什么房地产之类的暴富兼暴利性行业，相关行为主体为了维持自己这个小团体的日常运转往往需要偷税漏税。《史记·廉颇蔺相如列传》记叙了这样一个故事：

廉颇是赵国的大将军。赵孝成王四年（公元前262年），秦国进攻韩地上党郡（今山西东南部）。当时担任赵国军队统帅的廉颇审时度势，决定采用“坚守不出”的战略以应对远道而来的秦国军队，把急于求成的秦国军队搞得非常狼狈。在战场上斗不过廉颇，秦国军队的统帅就玩阴的，派人到赵国的都城散布谣言，说廉颇坚守不出是与秦国暗相勾结，唆使赵国国君撤换廉颇，换上了只会纸上谈兵的赵括，为后来的“长平之战”赵国数十万大军被坑杀埋下了伏笔。当然这些都是后话了。话说廉颇家里原来有很多门客，但是他一失去权势，原来的门客都离开了。等到再被重用当将军，门客们才又都聚拢回来。廉颇见此很是感慨，要撵他们走，门客告诉他：这没什么奇怪的，现在我们是以市场上的买卖方式交朋友，您有权有钱，我们就跟随您，您没权没钱，我们就离开，这本是买卖常理，又有什么可埋怨的呢？权力与金钱是主人与门客都不能无视的前提。你一没权势，二无钱财，门客还来投你干什么？

三是文化原因。从客观环境上看，当时的社会还没有养成“纳税光荣，偷税漏税可耻”的文化氛围。不管是什么人，只要你触动了原来不纳税人的既得利益，哪怕你贵为皇帝，那些既得利益者也会与你不共戴天，必置你于死地而后快。这一点，可以从雍正皇帝的境遇中窥出端倪。

雍正皇帝在中国历史上是一个颇具争议的皇帝。在阅读古今中外有关著作时，我发现了一个很有意思的现象，那就是与他同时代的知识分子中推崇他的往往都是外国人。法国传教士杜赫德认为：“尽管雍正皇帝很少表现得像是一个天主教的支持者，但不能不称赞的是他不知疲倦地热衷于政事，他为了天下百姓苍生的福乐安康夜以继日地致力于改革政弊。您能给雍正皇帝带来最大的乐事就是向他提出一个能够提高民众福利、缓解百姓生活压力的良策，他会不惜一切代价努力将这项计划尽快诉诸实践。他制定了一系列弘扬美德奖励善举的政策，使得臣工们纷纷效法雍正皇帝（节俭的作风）以帮助灾荒之年的百姓渡过难关。这些优秀的品质使得雍正皇帝在最短的时间内得到了全国百姓的拥护与爱戴。”法国著名的思想家伏尔泰也认为：“新帝雍正爱法律、重公益，超过父王。帝王之中无人比他更不遗余力地鼓励农事。各省农民被所在州、县长官评选为最勤劳、能干、孝悌者，甚至可以被封为八品官。农民为官，并不需为此放弃他已卓有成效的农事耕作，转而从事他并不了解的刑名钱谷。”

但是，与他同一时代的中国知识分子却几乎异口同声地说他的坏话。有人说，知识分子之所以说雍正皇帝的坏话，是因为他制造了不少文字狱。这话有一定的道理，但并不准确，至少并不全面。因为文字狱并非雍正皇帝的专利，他之前的康熙、他之后的乾隆搞的文字狱都不比他少，为什么人们，主要是当时的知识分子更愿意把批判的矛头对准雍正皇帝而不是康熙皇帝或乾隆皇帝呢？

世界上没有无缘无故的爱，也没有无缘无故的恨，要搞清楚雍正皇帝为什么那么拉仇恨，就有必要搞清楚他在位期间都做了什么。熟悉这段历史的朋友们想必都记得，继位后，雍正推行了三大新政，分别是“摊丁入亩”“耗羡归公”“官绅一体当差，一体纳粮”。其中“耗羡归公”又称“火耗归公”，主要针对的是地方官员在碎银用火烧铸成银锭时的折耗上面动手脚而进行的改革。我们知道，古代收税，只收到老百姓家，官绅例外，并不纳税。老百姓还要当差，即服兵役和徭役，官绅是属于统治阶级，不必当差也不交税。“官绅一体当差，一体纳粮”就是让他们也交税、当差。当然不是真要他们服兵役和徭役，可用银两兑买，但由于触及了官绅的根本利益，所以实行起来有相当大的难度。康熙执政四十余年之后，国家财政开始出现危机，税收收入有限。而因为固有的免徭役赋税的制度，官员地主一类真正富有的人却不需上交多少赋税，不但使财政负担落在穷苦百姓身上，而且国库空虚，因此雍正皇帝即位后出台上述政策，使社会富有阶级承担更多的税收责任。这些考虑都是从利国利民的角度出发的，但是，毕竟触及了读书人和统治阶级的根本利益，所以他们在雍正皇帝生前就开始对他大肆诋毁，不敢直接批评“摊丁入亩”“耗羡归公”“官绅一体当差，一体纳粮”，就在雍正皇帝得位不正上面做文章，炮制出了所谓的“传位十四子”的政治谣言，用当时一个读书人的话说，“官绅一体当差，一体纳粮”令斯文扫地，他们必须奋起抗争。雍正皇帝的这个故事非常形象地说明了赋税改革与赋税执法的艰难。

俗话说“善财难舍”。记得曾经读到过一篇文章，说的是一个地主老财一不小心掉到了水里，当岸上的人想要救他的时候，他却拒绝了。当时看到这里感觉到非常奇怪，往下再看，明白了。原来这个地主非常吝啬，平常最不愿意听到的就是把他的东西给别人，而那些想要救他的人不知道他的这种独特偏好，在救他的时候一再对他说“请把你的手给我”，那个地主听了觉得非常刺耳，所以，宁可在水里折腾，也不愿意把手给救他的人。最后，还是懂他的人换了一种说法，对他说“请抓住我的手”，才把他从水里救了出来。这个故事非常形象地说明了要让人“给”东西的难度有多大，何况是让人给钱呢？！

（二）中国古代税赋执法的随意性很大

法律最大的特点之一就是具有很大的刚性，有法不依和无法可依都是法治社会所不希望看到的。从某种意义上说，有法不依比无法可依更严重，因为前者本身与法律的刚性本质冲突。

在赵奢所生活的那个时代，有法不依和无法可依的情况几乎同时存在，而以前者更为普遍。

吊诡的是，有的时候有法不依甚至被当成一种美德，而被当时的人乃至今天的人所津津乐道。跟大家分享一个故事，一个许多人都知道的故事。这个故事与一个名叫冯谖的人有关。

冯谖是战国时的齐国人，此人家境贫寒，但却饱读诗书，可惜的是家无隔夜之粮，没办法只好去投奔一个名叫田文的人。田文其人，知道的可能不是很多，但倘若提到他的另外一个名字恐怕就几乎无人不知，无人不晓了。田文也就是赫赫有名的孟尝君，乃是战国四公子之一。和我们前面提到的平原君赵胜一样，田文也非常喜欢在家里养一些人，也就是所谓的“士”，被养之人往往都有点才能，否则也很难立足。

冯谖去投奔孟尝君时，由于当时的他没有什么知名度，自然免不了被盘问一番：“请问您有什么爱好吗？”“没有什么爱好。”“那有没有什么能耐呢？”“也没有。”听到这里，如果不了解孟尝君的人想必都会为冯谖捏一把汗，既没有爱好，也没有能耐，这样的人有什么资格留下来呢？！但是，出乎许多人意料，孟尝君竟然把冯谖留了下来。被留下来的冯谖因为没有显示出自己的才能，生活待遇很低。如果换作一个乐天安命的人，估计也就忍了，但冯谖并非一般人。见到生活待遇距离自己的心理预期太远，冯谖便开始启动了他的“维权计划”——那个时代没有什么公益律师，要维权只能靠自己。冯谖拿定主意之后，经常弹着自己身上的那柄长长的宝剑边弹边唱：“长铗归来乎！食无鱼。”

这段唱词传到孟尝君的耳朵里，孟尝君立刻命人改善了冯谖的饮食待遇。饮食待遇得到改善之后，冯谖再次拿出长长的宝剑弹唱道：“长铗归来乎！出无车。”这段唱词传到孟尝君的耳朵里，孟尝君立刻命人改善了冯谖的出行待遇。

没过多久，冯谖又弹剑自唱道：“长铗归来乎！无以为家。”这次，别人都觉得他太过分了，简直是贪得无厌，就去孟尝君那儿告状。孟尝君就是孟尝君，在得知冯谖家中尚有一老母后，就叫人按时供给其母吃穿用度。

于是，冯谖“不复歌”。

不久，孟尝君需要派一个人前往自己的封地薛地去收债，这些债务其中也包含着封地老百姓应该向孟尝君交纳的赋税。询问了不少人，因为不熟悉会计业务，没有一个人愿意接这个活，这个时候冯谖站了出来说他行。

孟尝君已经记不得冯谖是谁了，于是问左右的人，此人是谁。左右的人用充满揶揄的语气回答说：“就是那个老爱弹着长剑唱歌的。”孟尝君听了，恍然大悟说：“这位客人果然有才能，以前慢待了，快把他请过来见我。”见面之后，宾主相谈甚欢，孟尝君请冯谖去薛地收债和税，冯谖答应了。临行之前，冯谖问孟尝君，收完了债和税，需要带点什么回来。孟尝君想了想说，带我最需要的东西就行了。冯谖到了薛地之后，收完负债和欠税者的相关契据之后，他做了一个大胆的决定——假传孟尝君的命令，把负债和欠税者的相关契据当众焚毁，宣布免除他们应缴纳的相关费用和赋税。面对这天上掉馅饼的好事，薛地的老百姓自然是欢呼雀跃，连连高呼孟尝君万岁。

做完这件事后，冯谖轻轻地走了，正如他轻轻地来，挥一挥手，不带走一片云彩。回去之后，面对孟尝君的追问，冯谖丝毫不觉得有什么压力，而是非常坦然地告诉后者，他带回了后者最需要的东西，那就是仁义。

孟尝君心有不悦，但毕竟事情已经发生了，所以，思之再三，也就作罢。又过了一年，有人在齐闵王面前诋毁孟尝君，闵王便以“寡人不敢以先王之臣为臣”为借口罢掉了孟尝君的相位。孟尝君罢相后返回自己的封地，距离薛地尚有百里，薛地的百姓们便早已扶老携幼，在路旁箪食壶浆热烈欢迎孟尝君。

孟尝君此时方知冯谖焚契、买义、收德的用意，感慨地对冯谖说：“先生所为文市义者，乃今日见之！”这就是著名的《冯谖客孟尝君》的故事。

值得注意的是，在这个故事中，冯谖本来是受托前往薛地收债和税的，但他却未经请示就自行决定豁免了薛地老百姓的债务和税赋，这说明，至少在战国时代，税赋执法的随意性还是很大的。循着同样的思路，我们不难发现，赵奢在进行税赋执法时，也是很随意的，就算是平原君家里的门客不奉公守法，也没有必要连着杀了好几个人。

说到这里，不妨顺便和大家说一下“战国四公子”。所谓“战国四公子”是指魏无忌、赵胜、黄歇、田文。战国时代末期，秦国越来越强大，各诸侯国贵族为了对付秦国的入侵和挽救本国的灭亡，竭力网罗人才。他们礼贤下士，广招宾客，以扩大自己的势力，因此养“士”（包括学士、方士、策士或术士以及食客）之风盛行。当时，以“养士”著称的有魏国的信陵君魏无忌、赵国的平原君赵胜、楚国的春申君黄歇、齐国的孟尝君田文。因为这四个人都是礼贤下士、结交宾客之人，后人称之为“战国四公子”。“得民心者得天下，得士者得民心”，“战国四公子”对人才的重视以及运用人才来影响国家生死存亡的方法，对后世影响深远。

当然，我们最后还想再强调一下，由于种种原因，许多人对于中国古代许多事情并不是真的了解，因而常常对至少是今天不应该称道的东西大加赞美。笔者认为，在涉及价值判断的时候，应该慎之又慎。因为一个时代有一个时代的审美标准，一个时代有一个时代的价值体系，我们不可能穿越回古代，那么，现在的我们遵守现代的“游戏规则”才是正确的选择。

第七章

潜伏在成语“一抔黄土”背后与法有关的故事

第一节

此人是个强项令，皇帝的命令居然也敢不听

“一抔黄土”这个成语历史非常悠久，最早可以追溯到西汉时代，它的问世与一个名叫张释之的人有关。

张释之其人，前文中已经提到过。他是西汉时期著名的法学家，也是西汉著名的执法官员。虽然后来的明太祖朱元璋和清朝的康熙皇帝都曾经不约而同地称赞过他，但是，这个人刚踏上仕途的时候，却很不顺利。张释之家境殷实，所以，很早就给他捐了一个“骑郎”的官职。但是，他在这个位置上一待就是十多年也没有被提拔的迹象，最后连他自己都有些不好意思了，想要辞官回家，多亏一个名叫袁盎的人向当时的皇帝汉文帝刘恒推荐，他才被提拔为谒者。其后他又多次在皇帝面前显露出与众不同之处，最终被提拔为廷尉。这廷尉的职责是主管朝廷司法，用今天的话说大致相当于最高法院院长。在担任廷尉期间，张释之遇到一桩偷窃案，这桩偷窃案在当时的皇帝汉文帝刘恒看来，比偷了西汉帝国的国库更加严重。

原来，这个窃贼从祭祀汉高祖刘邦的庙里偷了一个玉环，汉文帝刘恒听了之后非常不高兴。如果是比较弱势的廷尉肯定会想方设法让皇帝高兴，重重地判窃贼的罪。但是，审判结果却让汉文帝刘恒大失所望。

张释之判处窃贼死刑，用当时的话说叫“弃市”。看到张释之呈上来的宣判结果刘恒非常不爽，他非常愤怒地对张释之说：“人之无道，乃盗先帝庙器，吾属廷尉者，欲致之族，而君以法奏之，非吾所以共承宗庙意也。”这段话大意是说：盗窃先帝庙里器物的行为实属大逆不道，我告诉廷尉灭盗窃者的族，可是廷尉却跟我说要按照法律的规定来定罪，这让我感到非常不可理解，非常不可思议！这段话从古代汉语翻译成现代汉语已经不能够完全传递出当时那个场合的独特韵味，实际上，说这番话的时候，汉文帝是非常非常不爽的！如果是一般的廷尉，早已吓得瑟瑟发抖了。但是，张释之听了皇帝的话之后，免冠顿首回答说：“法如是足也。且罪等，然以逆顺为差。今盗宗庙器而族之，有如万分之一，假令愚民取长陵一抔土，陛下何以加其法乎？”这段话大意是说：依照法律，斩首已是最高处罚了。盗窃宗庙器物就诛灭全族，如果以后有人偷挖汉高祖长陵上的一抔黄土，又该如何处罚？这段话活生生地把皇帝给顶回去了，皇帝最终也没有把张释之怎么样。

这件事过后，“一抔土”就开始流行起来，逐渐从一开始时的“一捧之土”演变成为“坟墓”的代称，并且定名为“一抔黄土”。《俞伯牙摔琴谢知音》中就有诗词“但见一抔土，惨然伤我心”，用的就是“坟墓”的意思，这就是成语“一抔黄土”的由来。

第二节

不能让前贤专美于前——我们总应从中悟出点什么

那么，潜伏在成语“一抔黄土”背后的与法有关的故事能够给予今天的我们哪些启示呢？

我想至少有以下几点：

（一）有法必依，不能也不应搞权大于法那一套

“一抔黄土”事件初看起来似乎只是身为臣子的张释之对汉文帝刘恒的抗旨不遵，实际上其背后却是权力和法律之间的博弈。“（天下）居马上得之，宁可以马上治之乎？”从理论上说，任何人包括最高统治者在内都不应凌驾于法律之上，这样才能够彰显法律的权威性，但事实上却很少有皇帝或相当于皇帝的最高统治者愿意这么做。

《三国演义》第十七回记载了这样一件事，说的是有一次曹操领兵出征，当时正逢庄稼成熟时节，为了延揽民心，曹操派人颁布了一项法令，法令说：“吾奉天子明诏，出兵讨逆，与民除害。方今麦熟之时，不得已而起兵，大小将校，凡过麦田，但有践踏者，并皆斩首。”

这段话大意是说：我按照皇帝的指示，出兵讨伐逆贼，也是为民除害，

现在恰逢麦熟时节，手下所有官兵，如果在经过麦田时践踏麦田，一律斩首。在当时，这段话具有某种意义上的“法律”意义，换句话说，必须严格遵守。

好巧不巧的是，在路过一片麦田时，一不留神，曹操自己胯下的战马却突然窜入麦田中，踩坏了一大块麦田。这可给曹操及其手下出了一道大难题：如何对待法律与权力？遵守法令吧，法律的制定者曹操项上人头可能不保；不遵守法令吧，法律的制定者曹操的威信何在？如果换作是别人，比如袁绍，这根本不算事，他们完全可以把法令当成一张废纸。但是，曹操毕竟不是袁绍，这件事发生之后，他眉头一皱，计上心来，立刻招来执法官员，与他一起探讨应该怎么给自己这一非法行为定罪并且执行。

可执法官员胆子再大，也不敢给曹操定罪啊，于是就说，丞相大人您是我们的老大，连法律都是您制定的，怎么能够给您定罪呢？听了手下人这个回答之后，曹操并不满意，他说：“吾自制法，吾自犯之，何以服众？”这段话翻译成现代汉语大意是说：我自己制定的法律，我自己又带头不遵守，何以服众？说完这话之后，拔出宝剑就要自杀。一看老大要动真格的，手下的执法官员急忙拉住，被称为天才的郭嘉劝解说：“古者《春秋》之义：法不加于尊。丞相总统大军，岂可自戕？”听了郭嘉的劝解，曹操不好再干拔剑自刎之类的事情，但自己制定的法律又必须执行，思之再三，就用宝剑割掉自己的一缕头发掷于地曰：“割发权代首。”——权且割下头发代替我的脑袋，并且命人以发传示三军，说：“丞相践麦，本当斩首号令，今割发以代。”尽管《三国演义》的作者随后评论说“拔刀割发权为首，方见曹瞒诈术深”，认为曹操此举，属于欺骗行为，但是，实际收到的客观效果却是好的，用《三国演义》中的话说，就是“于是三军悚然，无不懔遵军令”。

与曹操相映成趣的当属东汉光武帝刘秀。刘秀是西汉开国皇帝刘邦的九世孙。西汉末年，王莽篡位，被后人戏称为“穿越者”的王莽托古改制，搞得天下大乱，群雄并起，刘秀也是众多起义军中的一员。刘秀在创业打江山的过程中经历了包括亲哥哥被残忍杀害等惨痛挫折，通过坚忍不拔的毅力最终扫平群雄建立了东汉帝国。建国以后，刘秀定都洛阳，任命了一位洛阳令，也就是洛阳县的县长，此人姓董名宣，字少平，陈留郡圉县（今河南杞县）人，先后担任过东汉帝国的北海相、江夏太守。别人当官都是越当越大，董宣当官却越当越小。在担任洛阳令期间，董宣遇到了一件事——一个老苍头（奴隶）杀了人逍遥法外却没有人敢出来将罪犯绳之以法。经过调查，董宣发现，之所以如此，是因为杀人者大有来头，乃是湖阳公主的亲信管家。而这位湖阳公主更有来头，她是所谓的“长公主”，也就是当朝皇帝光武帝刘秀的亲姐姐。估计一般人遇到这种“领导身边工作人员”犯法的事情，都会睁一眼闭一眼，看见了也装作没看见。但董宣并不是一般人，他干了一件让当时的人乃至后世的人都大跌眼镜的事，就是当着湖阳公主的面把那个杀人者抓了；不但抓了，而且还不顾湖阳公主的阻止把杀人者给杀了。在湖阳公主看来，董宣这是在赤裸裸打自己的脸啊，于是就跑到自己的亲弟弟光武帝刘秀那里告状，想让皇帝弟弟治董宣的罪。刘秀这个人有一个特点，那就是对自己的亲人特别好，所以，听到姐姐的哭诉，立刻震怒，马上派人把董宣抓来声称要立刻把他杀了给姐姐出气。董宣据理力争，愤然说：“陛下圣德中兴，而纵奴杀良人，将何以理天下乎？臣不须箠，请得自杀。”刘秀一看这哥们真的不好处理，于是退了一步，命令身边的宦官把董宣按到地上，想让他给湖阳公主磕头谢罪。孰料董宣这个人傲骨铮铮，“强使顿之，宣两手据地，终不肯俯”。湖阳公主气了个半死，对皇帝弟弟说：“文叔为白衣时，臧亡匿死，吏不敢至门。今为天子，威不能行一令乎？”这句话等于采用“激将法”给老弟刘秀出了一道难题。一方面是亲情，一方面是法律，刘秀犹豫再三，最终还是选择了遵守朝廷法度，没有处罚董宣，结果是董宣留下了一个“强项令”的美名，刘秀也因为遵纪守法被后人所敬仰。

无论是曹操的割发代首，还是刘秀的尊重法律，都给后世的人们树立了典范，同时也从另外一个侧面折射了在当时的情况下有法必依，不搞权大于法那一套是多么难得。

（二）“虚拟语气”加“危言耸听”有助于说服有权有势的人依法行事

虚拟语气原本是英语语法中的一个概念，本意是用来表示假设，而不表示客观存在的事实。

要说服有权有势的人依法行事是一件很困难的事情，春秋时代的韩非子对此深有感触，专门写了一篇文章叫作《说难》，认为，“凡说之难，在知所说之心”，用今天的话说就是，难于对症下药。虽然韩非子对此作了专门研究，但最后自己仍然没有摆脱被别人玩死的命运。

张释之之所以能够摆脱韩非子的噩梦，很重要的一个原因可能就是他找到了一种更好地说服有权有势的在上位者依法行事的正确方法，这个方法就是“虚拟语气”加“危言耸听”。这种方法为什么能够奏效，有些人把它归因于“危言耸听”上，这种看法其实是不准确的。

的确，有些时候为了达到某种目的，确实需要说点耸人听闻的大话，但仅有这一点是不够的，因为有权有势的在上位者往往都有一种现实生活养成的优越感，认为在现实生活中“天老大，他老二”，你说什么大话也大不过他去。

针对这种情况，聪明的古人想出了一个办法，那就是在“危言耸听”的时候加上“虚拟语气”，不说过去的和现在的，而是拿还没有成为现实的未来说事，告诉被说服对象一种现在还不存在，但将来有可能发生的情况，而且这种情况对于被说服对象极其不利。是否让这种极其不利的情况发生，决定权握在被说服对象手里。

这种方法实际上是一种“乾坤大挪移”——活生生把原本对立的被说服对象拉到自己这一边。

这个办法还真的屡试不爽。《战国策·秦策》记载过这样一件事，说的是中国历史上第一个临朝称制的太后——秦国的宣太后临死之前想让她的情人魏丑夫殉葬。

宣太后这个名字可能许多人并不是很熟悉，但提到她的另外一个名字“芈月”估计大家就不会感到陌生了，没错，这位宣太后就是知名演员孙俪扮演的芈月的原型。此人通过一系列手腕，把整个大秦王国玩弄于股掌之上，而且时间长达三十六年之久，也有人说长达四十一年之久。这样一个女人那可是说一不二的，要想让她改变主意，估计比登天还难，但是一个名叫庸芮的男人却做到了。他是怎么做到的呢？靠一番“危言耸听加虚拟语气”的说辞。据《战国策》记载，在许多人劝说无效的情况下，庸芮前去觐见宣太后，见面之后他没有像其他人那样讲那些“现实版”的大道理，而是做了个假设，用我们所说的“虚拟语气”问了宣太后一个问题：人死后是否有知？这个问题宣太后再牛，估计也不敢说有一个标准答案。很好，既然太后您没有标准答案，那让我帮您设想一下吧：假如人死后无知，那么，您将您的心上人魏丑夫殉葬有什么意义呢？假如人死后有知，那么，太后您可是秦惠文王的妻子，在惠文王去世以后您和魏丑夫打得火热，先王估计早就怒火冲天了，太后您到那边去纠正错误可能还来不及，哪里有工夫去私爱魏丑夫呢？听了庸芮的话之后，宣太后陷入了沉思，最后决定不再用魏丑夫殉葬。

无独有偶，我们许多人都很熟悉的《触龙说赵太后》中的触龙之所以能够成功说服赵太后，很重要的一个原因也是因为他在劝说赵太后时用了虚拟语气，大意是：现在太后您让长安君的地位高贵，并且把肥沃的土地封给他，还给他很多贵重的宝器，却不趁现在您健在时让他有功于国，一旦您驾崩了，长安君凭什么在赵国立身呢？

综合上述案例，我们不难看出，采用“虚拟语气”加“危言耸听”，用得好可能真的不失为一种有效的说服在上位者的好办法。

当然了，任何方法都要看对象是否配合，倘若对方就是蛮横不讲道理，或者揣着明白装糊涂，那再好的方法恐怕也难见到效果，不是有一句话叫作“你永远也叫不醒一个装睡的人”吗？

（三）上级的胸怀往往决定下级的命运乃至上级本人的命运

大明帝国最后一任皇帝朱由检年号崇祯，所以，人们一般称其为崇祯皇帝。崇祯皇帝其人，每天工作十六个小时（八个时辰），非常勤政；穿的衣服甚至打补丁，非常勤俭。除了在“爱民”方面没有什么记载之外，他差不多属于儒家心目中典型的好皇帝了。可就是这样一位好皇帝却愣是把已经延续了两百多年的大明帝国给弄没了！原因何在？后世的许多历史学家提出了很多看法，有的人认为是崇祯皇帝命不好，遇上了两个非常强悍的政治对手李自成和皇太极；也有的人认为大明帝国命中该绝，因为好死不死地遇上了平常很难一遇的“小冰河时期”，农作物歉收，再加上大明帝国的有钱人一味地聚敛财富，目光短浅，导致饥民遍野，没有吃的，不得已揭竿而起，等等。这些说法不能说没有一点道理，但还是遗忘了一点，很重要的一点，那就是大明帝国的灭亡，其最高统治者崇祯皇帝自身也难辞其咎。崇祯皇帝在位期间先后屡次三番地处死过许多位高权重的大臣。这些人不能说没有一点错误，但很多人至少罪不至死，比如那位陈新甲，此人被《明史》称为“雅有才，晓边事”，曾经当过崇祯皇帝的兵部尚书。一开始的时候，崇祯皇帝对他可谓倚为心腹，命令他主持与后金皇太极的议和谈判工作。但是，当谈判工作不慎泄露，朝廷上下议论纷纷的时候，崇祯皇帝却不肯为这位自己曾经的战友承担任何责任，反倒是把他抛出来顶罪。虽然说“雷霆雨露皆是君恩”，但崇祯皇帝这种“有活你来干，有过你来背”的做法还是令众多大臣们伤心不已，也寒心不已。所以李自成攻入北京后最应该死节的明朝大臣们并没有像南宋末年军民那样集体性自杀殉国，反倒是对上吊自杀的崇祯皇帝视而不见，纷纷前去向李自成表示忠心。

可叹的是，崇祯皇帝本人似乎并没有意识到这一点，或者是意识到了不愿意承认，所以临死前还一再慨叹“朕非亡国之君，诸臣尽亡国之臣尔”。

与崇祯皇帝的那帮手下相比，本章的主人公张释之还是非常幸运的，因为他一生的大部分时间，都跟着一个虚怀若谷的好老板，这个好老板就是汉文帝。

从步入官场的时候起，张释之似乎就一直与汉文帝对着干，并且没有受到任何惩罚，反倒是越顶越升。当谒者仆射的时候，因为顶撞汉文帝，或者说驳回汉文帝的指令而被提拔为公车令；当公车令的时候，因为严格执法，不顾皇帝和太后的情面而被提拔为中大夫；担任中郎将的时候，因为不赞成汉文帝的殡葬观而被提拔为廷尉。当然，张释之又是不幸的，因为他没有在汉文帝死之前先去世。

汉文帝去世后接着当皇帝的是汉景帝，这位汉景帝的心胸跟汉文帝相比差得可不是一般的大，就因为当太子的时候张释之曾经弹劾过他和梁怀王不按照朝廷规矩出入宫门，竟然把一个奉公守法的好下属张释之活活地给逼死了。

张释之等人的命运再一次雄辩说明了“法治”的重要。可惜的是，“法治”虽然是个好东西，但很多时候当事人往往却都采取“说起来重要，用起来不要”的态度，这一点应该引起我们的深思。

相关链接

《战国策·秦策二·秦宣太后爱魏丑夫》原文：秦宣太后爱魏丑夫。太后病将死，出令曰：“为我葬，必以魏子为殉。”魏子患之。庸芮为魏子说太后曰：“以死者为有知乎？”太后曰：“无知也。”曰：“若太后之神灵，明知死者之无知矣，何为空以生所爱，葬于无知之死人哉！若死者有知，先王积怒之日久矣，太后救过不赡，何暇乃私魏丑夫乎？”太后曰：“善。”乃止。

第八章

潜伏在成语“请君入瓮”背后与法有关的故事

第一节

会用“以彼之道还施彼身”功夫的岂止是南慕容

《天龙八部》是香港著名武侠小说作家金庸金大侠的力作。这部作品中有两个顶级武功高手，分别是“北乔峰”和“南慕容”。二人各有各的看家本领，乔峰的拿手本事是“降龙十八掌”，而慕容复的看家本领则是“斗转星移”，即将对方使来的招数转换方位，反施于对方，可以说是“以彼之道还施彼身”。

乔峰的本事那就不用说了，慕容复的手段也不可小觑。在小说中，不知有多少成名高手死在了姑苏慕容的手里。有趣的是，在真实的历史上也有一位擅长使用“以彼之道还施彼身”的高手，不过他的“功夫”与武术无关，而是与“武氏”有关。这里所说的“武氏”指的是中国历史上赫赫有名的唯一一个女皇帝武则天。

这位擅长使用“以彼之道还施彼身”的高手不是别人，正是我们本章的主人公之一来俊臣。在针对一个名叫周兴的人的一次著名刑讯过程中，来俊臣成功地运用了“以彼之道还施彼身”的手段，取得了成功，并且为千年以后的我们留下了一个成语——请君入瓮。

这又是怎么一回事呢？话还得从武则天天授二年（公元 691 年）说起。

中国历史上，先后有四个帝王使用过“天授”这个年号。有意思的是，《天龙八部》小说中提到的段誉他爹段正淳也曾经使用过这个年号，当然，这都是题外的话了。话说回来，就在这一年的一月，有人告发，说周兴谋反。我们都知道，武则天执政时期，由于种种原因，对手下人一直怀有深深的戒备心理，凡是与“谋反”有关的案件都属于大案要案，不管牵涉到谁，都要严格审问。于是，这个案件就交到了来俊臣的手里。接到这个任务之后，来俊臣知道自己遇到了一个大难题：都是干这一行的，周兴可是具有非常丰富的反侦察经验，一般的手段用到他的身上可能并没有什么作用。思之再三，他有了一个主意，先是命人请来周兴，说是要请对方喝酒。酒过三巡之后，来俊臣长叹一声对周兴说自己遇上了一个大麻烦。

周兴不明就里，问其所以。来俊臣回答说，圣上让我审理一桩谋反大案，被控告的人比较狡猾，很难审出结果。周兴听了哈哈大笑说，这有什么难的，你准备一个大坛子，放到一堆火上烧热了之后，把要审问的犯人扔到坛子里去，不愁他不乖乖招供。听完了周兴的话，来俊臣连连点头称是，随即命人抬来一口大瓮，按周兴说的那样，在四周点上炭火，然后回头对周兴说：“宫里有人密告你谋反，上边命我严查。对不起，现在就请老兄自己钻进瓮里吧。”周兴一听，手里的酒杯啪哒掉到地上，跟着又扑通一声跪倒在地，连连磕头说：“我有罪，我有罪，我招供！”这就是成语“请君入瓮”的由来。

第二节

“请君入瓮”这个成语给我们的启示

我想，“请君入瓮”这个成语给我们的启示至少有以下几点：

（一）在进行与刑侦有关的活动的时候，攻心为上

不知道大家想过这样的问题没有，为什么同样是酷吏，或者叫个中高手的周兴一听来俊臣让他进入瓮中，就乖乖地认罪服法了呢？难道来俊臣给他吃了致幻药，让他迷迷瞪瞪就糊里糊涂招供了？当然不是，且不说古时候根本就没有什么致幻药，就算是有，也根本用不着吃，因为来俊臣给周兴施了一种心理战的战术，这种战术叫作“攻心术”。

“攻心术”是一种非常古老的战术，东晋时期著名的历史学家习凿齿在《襄阳记》中就曾经指出“夫用兵之道，攻心为上，攻城为下”。“空城计”是许多人都很熟悉的《三国演义》里的故事，故事中的诸葛亮为什么敢使用这个计策，又为什么能够用成了这个计策，对于这个问题，千百年来人们做过各种各样的解释，最不着调的是有人说司马懿之所以不进攻空城，是因为诸葛亮乃是汉献帝的化身，司马懿认得汉献帝，不敢造次，所以见

了别名诸葛亮的汉献帝之后马上退兵四十里。还有人说，司马懿之所以不进攻空城，是因为，他深知“狡兔尽则良犬烹”的道理，想要保留诸葛亮这个曹魏帝国的心腹大患，以便使曹魏帝国的皇帝离不开自己，也就是所谓的“养寇自重”。不管什么样的解释，从诸葛亮的角度考量，孔明先生都是成功的，至少在《三国演义》中是如此。诸葛亮之所以能够成功，很重要的一点就是他成功地利用了敌方主帅不足为外人道的心理，跟对方搞了一次实实在在的“阳谋”，而不是阴谋，让对方哑巴吃黄连——有苦说不出。

回过头再来看我们讲述的这个故事，故事中的被告周兴深知，自从武则天执政以来，为了巩固统治，一直本着“宁可错杀三千，不可放走一个”的原则，凡是经过来俊臣审理的案件，没有任何人能够幸免于难，所以，既然来俊臣明目张胆地说“有内状推兄”，奉皇帝的谕旨来审问他，那就意味着他交代是死，不交代也是死，还不如赶紧交代呢。

武则天时期有一个规定，凡是谋反之人，如果在开始被审问的时候就乖乖交代自己的犯罪事实，就不会被严刑拷打，换句话说，就不会亲自尝一尝各种让人觉得活着不如死了好的酷刑。周兴自己就发明了“定百脉”“喘不得”等十号大枷和种种骇人听闻的严酷刑法。他本人每次审理犯人的时候，都是一上来就让人把那些刑具先哐啷一声扔在犯人面前，以便收到想要的恐吓效果。他知道，如果不是武则天想要他死，来俊臣绝对不会轻易和他翻脸的，既然来俊臣能够而且敢于堂而皇之地对他说“有内状推兄”，奉皇帝的谕旨来审问他，那就说明今天认罪是死，不认罪也是死。既然逃不过一死，干吗还要遭罪呢？虽然来俊臣不是周兴肚子里的蛔虫，但他的确揣摩到了周兴这一微妙心理，所以才能够“不战而屈人之兵”。

“攻心”这种方法看起来很好，但不知道大家想过没有，为什么“看起来很好”的“攻心术”在实际生活中却常常使用不多、应用不广呢？我想其原因至少有两点：一个是“心”的原因，一个是“攻”的原因。古人曾经说过“唯有人心深似海，近在咫尺不能测”。别人究竟在想什么这是一个很难破解的问题，即使你侥幸能够知道别人在想什么，也存在着你能否找到适用的方式方法予以“进攻”的问题，所以，“攻心”实在是一门听起来很好，做起来很难的“技术活”。

（二）“将欲取之，必先予之”往往是出奇制胜的法宝

按照所谓的“性恶论”的说法，人一生下来就是自私的，谁也不愿意把自己的东西随便送给别人，谁都愿意从别人那里白拿东西，所谓“不肯拔一毛而利天下”说的就是这个意思。但是，那种赤裸裸的利己做法往往是欲速则不达。

“假途灭虢”这个成语是许多人都很熟悉的，它说的是，春秋时期，晋国的晋献公为了灭掉自己的死对头虢国，先后多次向虢国发起进攻，但一直没能够心想事成，达其所愿。手下人给他出了一个主意，那就是，向地处晋国与虢国之间的虞国借道灭虢。这样做，不仅可以使得晋国的军队少走不少冤枉路，而且还可以确保晋国军队的后勤供应，俗话说，打仗就是打后勤嘛，更重要的是，还可以通过此举，拆散虞国与虢国的联盟，可谓一举多得。但是，要把这个想法变成现实，并不是一件容易的事情，因为虞国的国君也不是一个好打交道的人。怎样才能够说服虞国的国君呢？晋献公和他的手下大臣想来想去，觉得只能先让虞国国君尝点甜头，才有可能把事情办妥。这个思路应该说是正确的，但到了临门一脚的时候，却出了岔子，问题出在了晋献公的身上。当派往虢国的使节都选好了的时候，晋献公却突然“掉链子”了，不想接着玩了。因为他的手下要他把他最心

爱的两件宝贝“垂棘之璧”和“屈产之乘”拿出来送给虞国国君，以便说服对方借道给晋国。尽管晋献公的手下一再说这两样东西只是暂时放到虞国国君那里，等到晋国灭了虢国捎带着把虞国也灭掉后还会拿回来，但晋献公还是有些舍不得。他忧心忡忡地对手下说：“夫垂棘之璧，吾先君之宝也；屈产之乘，寡人之骏也。若受吾币而不吾假道，将奈何？”——“垂棘之璧是先君传下来的宝贝；屈地所产的良马是我的坐骑。如果虞国接受了我们的礼物而又不借给我们路，那可怎么办？”当然，最后晋国的大臣还是说服了晋献公把这两样东西拿出来，但晋献公差一点“掉链子”的这一事实还是从一个侧面形象地说明了“必先予之”的不容易。

平心而论，不是晋献公有多大的问题，在生活中像晋献公这样的人还有很多。这些人之所以不愿意“先予之”是因为在“舍”与“得”之间有一个时间差，换句话说，在“舍”后还需要一段时间才能够“得”。而在这段时间内由于种种原因，可能充满各种各样的不确定性，这些不确定性的存在使得“先予之”的这一方至少存在着百分之五十“舍”了之后“得”不到想要的东西的风险。正因为有这种风险的存在，所以并不是所有的人都敢于“舍”，敢于“先予之”，而一旦有人敢于去冒这个风险，就有可能换来丰厚的回报。

本章的主人公之一来俊臣就是一个敢于冒险的人。此人原本是一个市井无赖，因为耍流氓被判入狱。在狱中他不老老实实地服刑，反倒是整天冒着风险打别人的小报告，后来竟然在太岁头上动土，诬告本州刺史谋反。这在当时是一件风险系数极高的冒险行为。但此次冒险却给他带来了丰厚的回报，当时的最高统治者武则天接到他的举报后，十分高兴，马上破例接见来俊臣。顷刻之间，来俊臣身价百倍，武则天“以为忠，累迁侍御史，加朝散大夫”，一下子让他从一个小流氓摇身一变成为朝廷官员。正是因为有了这段经历，所以，在接到审理周兴这个看起来几乎是不可能完成的任务的时候，来俊臣才不顾各种不确定性，“将欲取之，必先予之”，想要获得周兴认罪服法的供词，却先请对方吃饭，而且还很丰盛。就像晋献公当年拿出了“垂棘之璧”和“屈产之乘”获得了“假途灭虢”的丰厚回报一样，来俊臣拿出钱来请周兴吃了一顿非常丰盛的大餐，结果也是心想事成，大获武则天的欢心。

推而广之，在人际交往中，“将欲取之”往往是以“必先予之”为前提和基础的。俗话说“舍不得孩子套不着狼”，几分耕耘几分收获，不想有任何投入就想获得丰厚回报的从来都几乎没有什么好的结局，这一点一定要引起我们足够的重视。

有些人之所以很难结交到朋友，并不是他们不聪明，而实在是因为他们太“聪明”了，结果是“机关算尽太聪明，反误了卿卿性命”，反倒是那些看起来有点“傻”的人却往往朋友很多，因为后者舍得为朋友两肋插刀，而不是想方设法往朋友的两肋插刀。

（三）“入瓮”的并非只有周兴

成语是让人既爱又“恨”的文化载体，爱它是因为它可以帮助人们言简意赅地进行相关表述，对成语的恰当运用还可以收到事半功倍的效果。当年在西南联大教书期间，由于日寇飞机经常飞临学校上空狂轰滥炸，正在该校教书的陈寅恪先生苦中作乐，随口吟出“见机而作”“入土为安”这两个成语，描述自己和同仁们的日常生活。这两个成语原本都各有其本来含义，陈寅恪先生随手拈来描摹自己和联大同仁们不惧日寇飞机轰炸，飞机来了大不了躲到挖在土里的防空洞的乐观主义情怀；说成语可“恨”是因为很多成语记录的往往只是生活或历史的一个瞬间，一个横断面，如果将这个“瞬间”当成了“永恒”，认为“放之四海而皆准”，那就有可能犯认知上的错误。就拿本章所讲述的这个成语“请君入瓮”来说吧，如果不能够对这个成语进行辩证性理解，就有可能犯想当然的错误，认为“入瓮”的只是周兴。其实，“入瓮”的又岂止周兴一人！发明了“请君入瓮”的来俊臣虽然没有被恐吓放到下面烧火的大瓮里面烤，但他的结局其实一点也不比周兴好。再往大了一点说，纵观中国古代历史，类似周兴或来俊臣这样的酷吏奸臣，他们的下场总体上都是非常凄惨的，比如，明朝特务机构锦衣卫的历任最高头目除了极个别的人如陆炳因为与当朝皇帝有特殊关系得以寿终正寝之外，其他绝大部分都不得善终。之所以会如此，原因有很多，其中很重要的一点是类似周兴或来俊臣这样的人都是当时的统治者手中的一枚“棋子”，而且还是见不得光的“棋子”，在需要他们的时候，他们的主人可以对他们十分放纵，一旦不需要他们了，或者当他们的所作所为引发当时的社会各界，特别是主流话语层愤怒的时候，这些“棋子”很可能就会被弃之如敝屣。清代的年羹尧虽然不是像来俊臣这样的酷吏，但他也帮助他的主子雍正皇帝干了很多“脏活”。在四皇子爱新觉罗·胤禛谋取皇帝宝座的过程中，这位年大将军发挥了非常大的作用。在那个时候，雍正皇帝对年羹尧怎么看怎么顺眼，不仅言听计从，甚至还把年羹尧视为恩人，在写给年羹尧的一封信中雍正皇帝甚至这样写道：“不但朕心倚眷嘉奖，朕世世子孙及天下臣民当共倾心感悦。若稍有负心，便非朕之子孙也；稍有异心，便非我朝臣民也！”而当时过境迁，年羹尧再没有什么利用价值的时候，雍正皇帝却翻脸比翻书还快，马上出手收拾年羹尧。说起来很有意思，雍正皇帝收拾年羹尧竟然是从一个成语着手的，这个成语是“朝乾夕惕”，出自中国古代典籍《易经·乾》，原文是“君子终日乾乾，夕惕若，厉无咎”。可能是疏忽，年羹尧把“朝乾夕惕”错写成“夕惕朝乾”。这是一个可大可小的错：如果不把它当成一回事，那就不是什么事，但雍正皇帝却把这件事当成了一件大事，而且马上“上纲上线”，说年羹尧是“自恃己功，显露不敬之意”，于是就从这件事入手开始收拾年羹尧，先是解除了年羹尧的川陕总督职务，然后又步步紧逼，最后授意手下大臣给年羹尧开列了九十二款大罪，逼迫年羹尧在狱中自杀。

年羹尧也好，周兴、来俊臣也罢，他们的结局都是一种“结构性”悲剧，是一个“死结”。我们在鄙视他们行为的同时，也应该反思，他们为什么“其兴也勃焉，其亡也忽焉”。

相关链接

曹彬为什么不怕南唐后主自杀。开宝八年（公元975年）十月，曹彬率领北宋军队围攻南唐首都金陵，曹彬常常缓攻，希望南唐后主李煜能归降。十一月，曹彬又派人对李煜进行劝降：“事已如此，只可惜一城的百姓，如果你能归降，真是上策啊。”金陵城被攻陷，李煜与他的大臣们一百多人到军营请罪，曹彬安慰他，用贵宾之礼接待他，请李煜入宫换装，曹彬只派几个骑兵等在宫门外。部下暗地对曹彬说：“李煜入宫如有不测，怎么办？”曹彬笑着说：“李煜向来懦弱不能果断，既然已经投降，一定不会自杀。”事实情况果然如此。在这个故事中，曹彬之所以不怕南唐后主自杀，就是因为他善于揣摩对方的微妙心理。

第九章

潜伏在成语“踊贵屦贱”背后与法有关的故事

第一节

会说话的人骂人从来不会带脏字，懂不懂看你的悟性

“踊贵屦贱”这个成语解读起来颇有些障碍，这些障碍至少包括以下几个方面：一是读音。按照瑞士语言学家索绪尔的符号学理论，任何文字都有“能指”和“所指”之分，其中，“能指”一般指的是文字的字形和读音，“所指”一般指的是文字的含义。一般的人在遇到“踊贵屦贱”这个成语的时候，解读诸如像“踊”和“屦”这样的“能指”时往往都会遇到准确读音的障碍，至于这个成语的“所指”估计也并非每个人都能够一眼就看出来；除了“能指”和“所指”方面的障碍之外，“踊贵屦贱”这个成语解读起来还有一个障碍，那就是“表层含义”与“深层含义”如何转换的障碍。“表层含义”和“深层含义”借自美国结构主义语言学家乔姆斯基提出的“表层结构”和“深层结构”，这里是指语言文字往往存在着两种含义，一种是表面上的，另外一种则是隐藏在表面背后的，人们一般把后一种含义叫作“言外之意”。

“踊贵屦贱”这个成语就既有“表层含义”，又有“深层含义”。它的“表层含义”说的是当时市场上的一种现象：假脚（踊）比鞋子（屦）要更贵一些。如果仅仅只是停留在“表层含义”，那么这个成语就不应该入选这

本与“法”有关的成语著作，换句话说，这个成语还有“深层含义”。

这个“深层含义”与“法”有关。这是怎么一回事呢？话还得从齐景公九年（公元前539年）的一次不成功的“房产赠送”说起。房产的赠送人是当时的齐国国君齐景公，齐景公赠送房产的目标对象是当时的著名“大咖”晏婴。

有人说，这是一次上级给下级送礼却被下级拒绝的小概率事件。的确，从古至今，人们经常能够见到下级给上级送礼的，却很少见到上级给下级送礼还被下级拒绝的。晏婴为什么要拒绝上级领导的“好意”呢？原因是这个上级“望之不似人君”，是通过不正当手段登上国君宝座的。

可能是因为“得位不正”的缘故吧，齐景公总有几分心虚，于是就想通过主动送礼给晏婴的方式把晏婴绑到自己的战车上。但晏婴是谁，那可是当时著名的“大咖”啊！于是，他想都没想就婉言谢绝了齐景公的“好意”。觉得自己很没面子的齐景公有点下不来台，于是没话找话地问晏婴，当时什么东西市场上最贵？晏婴想了想，缓缓地回答了四个字：“踊贵屦贱。”听了晏婴的话，齐景公先是一愣，然后面红耳赤，甚至有点恼羞成怒。

看到这里，如果对这段历史不熟悉的朋友肯定忍不住要问了：不就是四个字吗？齐景公为什么听了之后会有这么大的反应呢？这个问题提得好！齐景公之所以先是一愣，然后面红耳赤，甚至有点恼羞成怒是因为晏婴说的这四个字除了“表层含义”（假脚比鞋子贵）之外，还有其“深层含义”，这个“深层含义”实际上是针对齐景公滥用刑罚，动辄就因为一点微不足道的小事而把老百姓的脚砍掉而进行的一种非常委婉的讽刺，颇有点“当着和尚骂贼秃”的冷嘲热讽的味道。齐景公自家人知道自家事，虽然有些恼羞成怒，但还得依仗晏婴帮他撑门面，所以，“为是省于刑”——听了晏子的讽谏而减省了刑罚。这就是成语“踊贵屦贱”的由来。从这个故事中我们发现，会说话的人骂人从来不会带脏字，懂不懂看你的悟性。

第二节

围观的我们不能甘当“打酱油”的角色

说到这里，有的朋友可能忍不住就要问了，这个成语能够给予今天的我们什么启示呢?

这些启示我想至少有以下几点：

（一）“踊贵屦贱”短短的四个字后面掩盖的是血淋淋的史实

生活在春秋时代，对于平民百姓来说，的确是一件非常不幸的事情。记得大明帝国最后一任皇帝崇祯皇帝在李自成打进北京，满朝文武纷纷作鸟兽散时，为了使自己的亲生女儿不至于受辱，挥剑砍向自己的女儿，非常悲愤地对女儿说：“你为什么生在我家？！”

如果你生在春秋时代，可能也会满腔悲愤地仰天长叹：“我为什么会生在这个时代？！”这绝非笔者夸大其词，而是当时的情况让人无法不拍案而起。

“踊贵屦贱”涉及一种刑罚，这种刑罚叫作刖刑。刖刑的历史最早可以追溯到夏朝，周朝沿用，到了春秋时期，各个诸侯国的统治者为了强化统治，对臣下或百姓动辄使用刖足之刑。法律规定的应受刖刑的条款也相当繁多，如“卫国之法：窃驾君车者罪刖”。据《左传》记载，公元前678年郑国刖强钼之足，公元前574年齐国刖鲍牵之足，等等，不一而足。

这些人可能大家都不是很熟悉，但有一件东西大家一定知道——和氏之璧。但凡熟悉中国历史的朋友想必没有不熟悉和氏之璧的。和氏之璧曾经被秦王看中，多亏蔺相如用计夺回，但不久又到了秦王手上，而且被雕琢成“传国玉玺”，被历朝历代的封建统治者当成天命所归的象征，成了一件吉祥物。

但是，在欣赏这件吉祥物的时候，又有多少人会想到被忽略在和氏之璧背后的那个人遭的罪呢？这个人叫卞和，而这个罪就是刖刑。

卞和是春秋时期楚国的石匠，有一次他得到了一块石头，认为石头里面藏着一块美玉，将它献给当时的楚国国君楚厉王。楚厉王命宫里的玉匠进行鉴别。玉匠说这是一块石头，于是，楚厉王就命人对卞和施以刖刑，具体一点说，是让人砍掉了卞和的左脚。要是一般人肯定会知难而退，我本将心向明月，奈何明月照沟渠啊！但是，卞和被砍掉左脚之后仍然痴心不改，等到楚厉王去世之后，他又抱着那块石头来找楚厉王的继承人楚武王，和楚厉王一样，楚武王也不相信他，于是让人又砍掉了卞和的右脚。

卞和的冤屈被许多人选择性忽略了，但那段历史是不能视而不见的，至少，通过“踊贵屦贱”这个成语我们窥测到了那个时代是多么黑暗，这大概是晏子当年所设想不到的。

“穿越”虽然只发生在影视作品和网络文学之中，但其实，许多成语就给后来的人们提供了“穿越之门”。后世的人们虽然不可能直接回到古代，但却完全可以借助作为相关历史“活化石”的成语窥见相应的历史，从这个意义上说，成语对于今天的我们来说真的是取之不尽、用之不竭的宝藏。学好成语除了可以让学习者增加知识、增长见识之外，还有可能帮助学习者一圆“穿越”之梦，一举两得，何乐而不为呢！

（二）劝说别人是门技术活

苏秦是战国时期著名的纵横家、外交家和谋略家。此人出身于中国历史上赫赫有名的鬼谷子门下，和曾经把屈原所辅佐的楚怀王玩弄于股掌之上的张仪是同学。苏秦有雄辩之才，凭着所谓三寸不烂之舌，可以把死人说活了，也可以把活人给忽悠死了。西汉时期著名政治家桑弘羊说他“智足以强国，勇足以威敌，一怒而诸侯惧，安居而天下息”。

但是，这个号称有三寸不烂之舌的苏秦也曾经在劝说别人接受自己的主张时接二连三地败走麦城，先后在周显王、秦惠王、赵肃侯那里碰了壁。其中，秦惠王又称秦惠文王，乃是战国时期秦国国君，公元前337年至公元前311年在位。此人北扫义渠，西平巴蜀，东出函谷，南下商於，为秦统一中国打下了坚实基础。

苏秦曾经在后来接连说服除了秦国以外的其他六国君主，为什么这一次却接二连三地铩羽而归呢？原因很多，其中很重要的一点是当时的苏秦劝说别人的“技术”还不成熟。

就拿劝说秦惠文王接受自己的主张那一次来说吧。他当时是这样劝说秦惠文王的：“秦四塞之国，被山带渭，东有关河，西有汉中，南有巴蜀，北有代马，此天府也。以秦士民之众，兵法之教，可以吞天下，称帝而治。”这段话翻译成现代汉语，大意是这样的：秦是个四面山关险固的国家，为群山所环抱，渭水如带横流，东有关河，西有汉中，南有巴蜀，北有代马，这真是个险要、肥沃、丰饶的天然府库啊。凭着秦国众多的百姓、训练有素的士兵，足以吞并天下，建立帝业而统治四方。这话有没有道理？当然有道理。那为什么没有能够成功呢？很重要的一点可能是苏秦没有仔细揣摩被劝说对象也就是秦惠文王当时的心理。

熟悉这段历史的朋友想必都知道，这个时候的秦惠文王刚刚办了一件大事——杀了商鞅，而且还是残忍地采用车裂，也就是通常所说的五马分尸的方式杀的。秦惠文王为什么要杀商鞅？直接原因是商鞅当年因为当时的太子也就是现在的秦惠文王犯法而处分了他的师傅公子虔，割了后者的鼻子。这个仇不可谓不大，何况处罚公子虔也就是等于间接地打太子的脸，所以整整等了八年的公子虔，等到他的学生一登上国君的宝座，就立刻上书告商鞅谋反。这种罪名搁到谁的身上谁都害怕，没办法，商鞅只好逃跑。本想逃跑去魏国，但是魏国因他曾生擒公子卬而对他恨之入骨，拒绝他入境。走投无路的商鞅只好铤而走险，回到自己的封地举兵反叛，结果兵败被杀。

人们经常说，爱屋可以及乌，其实恨屋也是可以及乌的。苏秦千不该万不该，不应该赶在秦惠文王刚刚杀了商鞅后以一个客卿的身份（商鞅就是这个身份）去游说秦惠文王，因为那极容易让对方想到必欲除之而后快的商鞅。如果再过一段时间，估计情况可能就会大不一样。

可惜的是，历史是不能假设的。

正是因为吃了这么一个哑巴亏，所以，苏秦吃一堑长一智，再去游说其他几个国家的国君时就事先做足功课，结果自然马到成功。比如去游说燕文侯时，苏秦就先从地理位置上分析了燕国与赵国的相依之势；接着批评燕国的战略错误——担忧千里之外的秦国，却不担心百里之内的赵国；最后建议燕文侯合纵赵国，结为一体。由于事先准备充分，所以燕文侯认为苏秦说得很有道理，允诺苏秦“如果能以合纵之计维持燕国安定，愿举国相报”。于是资助了苏秦车马金帛，让他前去游说赵国以及其他五国，苏秦无往而不胜。

诸葛亮曾经评论苏秦说他“长于驰辞”，说的就是这个时期的苏秦，将劝说别人当成是一门技术活的苏秦。

与苏秦比起来，本章的主人公晏子其实一点也不逊色，甚至比苏秦还会劝说别人接受自己的主张。

有一次，齐景公怒气冲天地想要杀他的马夫，因为马夫没有照料好齐景公心爱的一匹马，导致这匹马死了。齐景公很生气，亲自下令要把这个马夫大卸八块。晏子知道了这件事之后，想要劝说齐景公收回成命，但他并没有直接劝谏，而是郑重其事地对齐景公说：“杀人总得有个方法，请问尧舜肢解人的时候，一般都是从身体的什么部分开始啊？”这话初看起来似乎不反对齐景公杀人，只是问一下怎么杀，但实际上却是一个圈套。因为尧舜乃是公认的贤明君主，他们不可能大卸八块地杀人，齐景公知道晏婴的意思，就说：“那就不肢解吧，把他交给狱官处死算了。”

如果是一般人，肯定也就见好就收了。但晏子听了齐景公的话之后，点了点头，接着对齐景公说：“先不忙，请允许我先说说他的罪状，让他知道，然后死个明白，您看如何？”齐景公不能不答应。

于是，晏子就开始对着马夫数说他的罪状：“你犯了三条大罪：国君让你养马你却把马养死了，这是第一大罪；养死之马又是国君最喜爱的，这是第二大罪；因为你养死了马而使国君杀人，百姓听说之后一定会怨恨他，诸侯听说之后一定轻视我国。你养死了国君之马，使百姓生出怨恨，使邻国轻视我们，这是第三大罪。今天把你送到监狱，你知罪吗？”还没等那个马夫回答，齐景公憋不住了："请您把他放了吧！放了吧！不要伤了我的仁爱之名！"

晏子没说一句"您不应杀人"之类的话，却成功地促使一国之君收回成命，劝说别人是不是一门技术活？

无独有偶，中国历史上另外一位智慧化身的东方朔也曾经巧妙进谏智救猎鹿人。汉武帝时有人因为擅自杀了上林苑的鹿，被有司判为死罪。东方朔对武帝说："这个人确实该死，理由有三：一是使陛下因为一头鹿而杀人，这是第一个该死的理由；让天下人知道陛下看重鹿而轻人命，这是第二个该死的理由；匈奴有犯边的急情，需要鹿的角撞死匈奴兵，这是第三个该死的理由。"汉武帝听了之后不说话，然后赦免了杀鹿的人。

看来劝说别人的确是一门"技术活"。要想成功说服别人，劝说者首先要掌握遣词造句方面的"技术"。因为历史经验告诉我们，同样一些文字，不同的排列组合往往会收到并不完全相同甚至是完全不同的效果。比如"屡战屡败"和"屡败屡战"四个字完全相同，但前者用来形容军队，那么这样的军队肯定是"渣军队"；而还是那支军队，如果换作后面这句话来形容，那么这支军队则成了百折不挠的铁军。当年曾国藩的部下就是通过这样变换字词的排列组合而帮助经常打败仗的曾国藩上书给朝廷从而获得朝廷信任的。除了掌握遣词造句方面的"技术"之外，相关行为主体更要掌握能够窥探别人心理的"技术"，因为如果不能够摸准被劝说对象的心理，想要成功劝说对方那简直是在做梦。这一点战国时代的韩非子有深刻的感受，所以，在那篇著名的《说难》的文章中他才深有感触地写道"凡说之难，在知所说之心"。

（三）想要说服别人，人品往往比口才更重要

要想达到目的，有一副好口才很重要。这话很对，但也不全对。纵观中国历史，那些在重大场合劝说别人成功的人除了有一副好口才之外，有一个令人信服的好人品也是非常重要的，甚至是更重要的。

西汉初年，重色轻国的汉高祖刘邦宠爱上了一个名叫戚夫人的美女，更要命的是，因为爱屋及乌，他还想废掉早就立位的吕后所生的太子刘盈，改立戚夫人所生的赵王刘如意。刘邦此举不仅吕后死活不同意，朝廷大臣们也大都持反对态度。但是，一向从谏如流的刘邦这回却谁劝都不听，硬是想要把刘如意这锅生米煮成熟饭。如果不是有一个人挺身而出劝谏，估计真的就没有刘盈什么事了，西汉的历史甚至中国历史可能都要改写。这个挺身而出劝谏并且劝谏成功的人名叫周昌。大家一定以为周昌其人口才十分了得吧？恰恰相反，周昌这个人口才实在不怎么样，说他口才不怎么样还是笔者为尊者讳，实际上这位老兄连话都说不利落，因为，他是一个结巴。今天我们还在使用的成语“期期以为不可”就是他留下来的，“期期”就是记录口吃的拟声词。

周昌之所以能够劝说一意孤行的刘邦回头是因为他有一样东西超乎当时的很多大臣，这样东西叫人品。

有一次，周昌有急事进宫面奏，正碰上刘邦在后宫里和戚夫人亲热。见此情景，周昌只好回避。但是，一直有一种恶趣味的刘邦却不想轻易放周昌走，可能是恼恨后者坏了他的好事吧，所以，三步并作两步跑上前去，骑在周昌的脖子上问道：“你看我是什么样的皇帝？”周昌挺直脖子，昂起头说：“陛下您就是夏桀、商纣一样的皇帝。”司马迁在《史记》中记载，刘邦听了哈哈大笑，但是却由此最敬畏周昌。后来，刘邦公然提出更换太子，

周昌在朝廷中和刘邦极力争辩，刘邦问他理由何在，因为周昌本来就有口吃的毛病，再加上是在非常气愤的时候，也就口吃得更加厉害了，他说："我的口才虽然不太好，但是我期……期……知道这样做是不行的。陛下您虽然想废掉太子，但是我期……期……坚决不能接受您的诏令。"那么多口才好的人怎么劝都没用，结结巴巴的周昌没说什么理由，只是坚决不同意废掉太子，刘邦却答应了。这其中的原因肯定很多，但最重要的一点想必是周昌的人品让刘邦发自内心地敬佩。

其实，中国古代，口吃但德行高的人大有人在。《宋书·孔觊传》："孔觊字思远，会稽山阴人，……觊少骨梗有风力，以是非为己任。口吃，好读书，早知名。""众咸云：'孔公一月二十九日醉，胜他人二十九日醒也。'世祖每欲引见，先遣人觇其醉醒。"；《南齐书·文学·崔慰祖传》："崔慰祖字悦宗，清河东武城人也。……国子祭酒沈约、吏部郎谢朓尝于吏部省中宾友俱集，各问慰祖地理中所不悉十余事，慰祖口吃，无华辞，而酬据精悉，一座称服之。朓叹曰：'假使班、马复生，无以过此。'"；《周书·卢柔传》："卢柔字子刚。少孤，为叔母所养，抚视甚于其子。……性聪敏，好学，未弱冠，解属文，但口吃不能持论。……司徒、临淮王彧见而器之，以女妻焉。……魏废帝元年，加车骑大将军、仪同三司、散骑常侍、中书监。"

人们常说，如果想要对一个人做全面而非片面的了解，要听其言，观其行。如果言行不一，品行极差，就算是他的口才再好，估计也不会有人真的肯自始至终地对他信任有加。

相关链接

和氏璧失踪。公元前283年，到了战国后期，和氏璧被赵惠文王得到。秦昭王听说此事，派人去赵国假意说，愿以十五座城来换取这块璧，

"价值连城"的典故即源于此，并因此演绎出蔺相如"完璧归赵"的千秋佳话。《史记·廉颇蔺相如列传》称："和氏璧，天下所共传宝也。"在以后的一千六百多年间，历朝历代的君主无不垂涎于此宝。和氏璧被多次易主，每次都伴随着血腥的屠杀。秦始皇得此璧后，曾命宰相李斯撰文"受命于天，既寿永昌"，刻于璧上，欲世代相传。但是，五代后唐时，这个稀世珍宝却突然消失，至今仍无踪影。

第十章

潜伏在成语“虚堂悬镜”背后与法有关的故事

第一节

中国古代也有“黑名单”公布的案例

成语“虚堂悬镜”背后与法有关的故事和一个名叫陈良翰的人有关。此人生于公元1108年，死于公元1172年，乃是南宋绍兴五年（公元1135年）进士。

考中进士之后，陈良翰先是被朝廷任命为会稽主簿、慈溪知县，后来又被任命为瑞安知县。听说陈良翰被朝廷任命为瑞安知县之后，有很多人都为他捏了一把汗。原来，瑞安这个地方最早属于百越支系之东瓯古邑，民风比较剽悍，这个地方的老百姓比较喜欢“下克上”，把顶撞上司当成一件习以为常的事情，甚至是一件乐事。

据《宋史·蔡幼学传》记载，公元1172年，蔡幼学考中进士，当朝皇帝宋孝宗亲自主持殿试。考虑到这一年蔡幼学只有十八岁，所以，宋孝宗原本是想把他选为第一名的，但是，蔡幼学却不领这个情，就在这次殿试中，这位初生之犊一针见血指出：“陛下资虽聪明而所存未大，志虽高远而所趋未正，治虽精勤而大原不立。即位之始，冀太平旦暮至。奈何今十年，风俗日坏，将难扶持；纪纲日乱，将难整齐；人心益摇，将难收拾；吏慢兵骄，财匮民困，将难正救。”简而言之，就是说皇帝您不行，志大才疏，差得远呢！

俗话说，打人不打脸，骂人不揭短。这段话等于当众打最高统治者的脸，揭最高统治者的短。连皇帝都不吝，敢于公开打脸的蔡幼学就是瑞安人。蔡幼学只是千千万万个瑞安人的缩影，所以，陈良翰的朋友们才为他捏一把汗。

这个时候陈良翰有两个选择：一个是以硬碰硬，乱世用重典；一个是以柔克刚，春风化雨，二者各有利弊。许多人都以为陈良翰会采用前者，但陈良翰却选择了后者。他认为县令是百姓的父母官，对百姓应“爱之如子”。当然，所谓以柔克刚、春风化雨也不是无所作为，而是创新治理方式，具体一点说，就是创立了可能是中国历史上最早的“负面清单”，或者叫“黑名单”制度。

知县的一个重要职责是收税。以往收税都是强制性的，陈良翰却别出心裁，不下发强硬的催赋文本，只是把未交者的名单公布一下。结果，这些没有交税的人承受不了上“负面清单”（“黑名单”）带来的后果，乖乖地如期将赋税交上来了。这个举措让那些本来想看陈良翰笑话的人感到非常惊奇，于是纷纷前来学习取经。陈良翰不胜其烦，于是，在回答“你治理瑞安有何妙术”的问题时，他一字一板地说：“我哪有妙术，只要为官者出于公心，使心如虚堂悬镜，那么，百姓就会心悦诚服。”

从此以后，中华成语宝库里又多了一个成语——虚堂悬镜，常用来比喻地方官廉明公正。今天，人们经常用这个成语来比喻办理事情时对情况了解得清楚透彻。

第二节

“虚堂悬镜”照亮我们的心灵

潜伏在“虚堂悬镜”这个成语背后与法有关的故事能够给予今天的我们以哪些启示呢？

（一）执法过程中手段创新很重要

中国古代有一个很有名的“二桃杀三士”的故事。这个故事说的是，春秋时期的齐国国君齐景公为了恢复齐桓公时期的霸业，豢养了三个勇士，一个叫田开疆，一个叫公孙接，一个叫古冶子，这三个人皆有万夫不当之勇，确实让齐景公感到勇士的力量。但是，这个世界上任何事物都有两面性，田开疆、公孙接、古冶子这三个人在让齐景公感到喜悦的同时，也让当时齐国的许多人感到不舒服甚至威胁。他们认为，如果不防微杜渐，这三个人将来极有可能呈尾大不掉之势，因此，有必要除掉这三个人。但是，理想很丰满，现实很骨感。《伊索寓言》中有一个很有名的故事，说的是一群耗子开会，有耗子提出一个创意，想办法给他们的天敌猫的脖子上挂一个铃铛，这样猫一靠近，耗子们就能够听到响动，猫就捕捉不到他们了。这个主意不能说不好，但是，谁去给猫的脖子上挂铃铛？同样的道理，防微杜渐除掉田开疆、公孙接、古冶子这三个飞扬跋扈的莽夫不能说不对，但问题是谁去执行，如何执行？真刀实枪地硬拼吧，这些文人们哪里是那三个人的对手；通过行政手段执行吧，这三个人又是国君信任的人，让齐景公直接下命令处死这三个人，恐怕不比给猫的脖子上挂铃铛容易。就在大家束手无策的时候，有一个人挺身而出，出了一个主意，这个人就是赫赫有名的晏婴。他的主意看起来非常简单，就是让齐景公把那三个人召来，然后通过赏赐食物给他们，把他们处死。

在食物中下毒？不。晏婴乃是春秋时期有名的谋士，怎么会犯这么低级的错误？晏婴只不过让齐景公摘了两个桃子，赏给田开疆、公孙接、古冶子这三个人。但是，勇士三个人，桃子却只有两个，所以，只好请三人分别陈述一下自己的功劳，谁的功劳大，谁才有资格吃桃子。

三人不知是计，公孙接抢先陈述了他的功劳，说他自己能够在陆地上徒手搏击猛虎，可谓勇士，所以心安理得地拿走了一个桃子。田开疆也不示弱，接着陈述了他的功劳，说他自己作战的时候勇冠三军，可谓勇士，所以拿走了另一个桃子。轮到古冶子了，这位老兄大声说，有一次跟随齐景公渡黄河的时候，突然遇到黄河里的水怪作乱，齐景公命悬一线，是他以不会水之身躯徒手搏击，杀掉了水怪，确保了国君的平安，觉得自己也十分有资格吃桃子。听了古冶子的话，公孙接与田开疆心里都升出一抹异样的思绪，觉得自己自不量力而且贪婪，于是就拔剑自杀了。古冶子见好朋友自杀，自己也感到愧疚不已，于是也拔剑自刎了。这就是“二桃杀三士”的故事。

二桃为什么能够杀三士呢？有人说，这是因为田开疆、公孙接、古冶子这三个人有一个共同的毛病，就是都争强好胜。这种回答不能说没有一点道理，但却不十分准确。在我看来，二桃之所以能够杀三士，很重要的一个原因就是晏婴成功地利用了田开疆、公孙接、古冶子这三个人所具有的一种心理，这种心理就是羞耻之心。

在“虚堂悬镜”这个成语所营造的语境中，陈良翰之所以能够不战而屈人之兵，很大程度上是因为他成功地利用了当时人们还没有泯灭的羞耻心进行手段创新所致。从某种意义上说，羞耻之心乃是人类文明得以出现、人类历史能够延续的一个很重要的基础。有人说，所谓文化，就是利用人们的羞耻之心告诉人们哪些事情不能做，这话还是有一定的道理的。

近年来，媒体不断披露有关方面联合公布失信被执行人的名单，以便对那些“老赖”们形成震慑。本章陈良翰所列的“黑名单”与这个做法有异曲同工之妙。

有人认为，所谓执法就是对被执法对象采取强力手段，只要有“力”就行了，不必讲究“智”，这其实是一种误读。倘若能够在执法的过程中既用力，又用智，将会收到意想不到的效果。

（二）要有“底线”意识，做到富贵不能淫，威武不能屈

“虚堂悬镜”中的“镜”可以理解为一种“底线”。一个合格的人应该有底线，一个合格的执法者更应该有底线。这个底线一般人把它理解为不贪污腐败，所谓“尔俸尔禄，民膏民脂，下民易虐，上天难欺”“公则民不敢谩，廉则吏不敢欺”说的就是这个意思。这个底线应当说已经不低了，自古至今，能够做到的恐怕不是很多。但是，总有一些人，他们不甘于仅仅停留在底线之上，而是想要努力向上，不断攀登道德的顶线。本章的主人公陈良翰就是这样的一个人。

说到这里，不妨顺便说一下“尔俸尔禄，民膏民脂”的来历。这八

个字来自五代十国时期后蜀国的最后一任皇帝后主孟昶颁布的一个为官箴言。原文一共二十四句："朕念赤子，旰食宵衣。言之令长，抚养惠绥。政存三异，道在七丝。驱蝗为理，留犊为规。宽猛得所，风俗可移。无令侵削，无使疮痍。下民易虐，上天难欺。赋舆是切，军国是资。朕之赏罚，固不逾时。尔俸尔禄，民膏民脂。为民父母，莫不仁慈。勉尔为戒，体朕深思"，用来诫谕地方官要爱护百姓，不做贪官污吏。宋灭蜀后，宋太宗将《颁令箴》缩写为四句十六字："尔俸尔禄，民膏民脂，下民易虐，上天难欺。"这十六个字就是《戒石铭》，于太平兴国八年（公元 983 年）颁示天下，至南宋绍兴二年（公元 1132 年）宋高宗又命人把著名书法家黄庭坚亲笔书写的这一祖训，颁于各府州县且刻石立于大堂前。到了明代，明太祖朱元璋则进一步明令立于甬道中，并建亭保护，故有"戒石亭"之称。当然，这些都是题外话了。

说完了"尔俸尔禄，民膏民脂"的来历，我们接着说一下陈良翰。陈良翰这个人，估计知道他的可能不多，但是，提起另外一个人肯定很多人都不陌生，这个人不是别人，正是秦桧，那个许多人心目中的大奸臣。

陈良翰生于公元 1108 年，死于公元 1172 年，秦桧生于公元 1090 年，死于公元 1155 年，二者至少有四十多年生活在同一个世界，但却并不怀有同一个梦想，甚至还是死对头。当然，陈良翰并不像岳飞那样被秦桧视为眼中钉、肉中刺，但是二人确实是道不同不相为谋。南宋孝宗隆兴元年（公元 1163 年），因为北伐失败，金国元帅纥石烈志宁派人送信给南宋，公然索取海、泗、唐、邓四郡，当时的宰相汤思退主张派遣卢仲贤、李栻前去与金国人谈判割弃四郡议和，陈良翰坚决反对，认为"仲贤轻儇无耻，栻自北来难信"。但是汤思退却对这两个人信任有加，不顾陈良翰的反对，派遣卢仲贤、李栻前往金国与金人谈判，结果是李栻连淮河都不敢过。卢仲贤倒是过了淮河，但很草率地就答应了割地给金国，惹得皇帝大怒。汤思退却巧言令色，鼓动皇帝再次派遣使者去与金国人谈判，这个时候，陈良翰再也忍不住了，于是非常愤怒地上书给皇帝：“前遣使已辱命，大臣不悔前失，不谓秦桧复见今日！且金要我罢四郡屯兵以归之，是不折一兵，而坐收四千里要害之地，决不可许。若岁币，则俟得陵寝然后与，庶犹有名。今议未决而之望遂行，恐其辱国不止于仲贤，愿先驰一介往，俟议决，行未晚也。”这封很长的奏疏中有一句话叫作“不谓秦桧复见今日”，这话是通过鄙视秦桧来恶心主和的宰相汤思退。

写到这里，就不得不更正许多朋友的一个误区。很多朋友去杭州西湖游览时，看到岳飞墓前面跪着的四个铁像，可能会以为在整个南宋时期秦桧的名声都很臭，其实不然。没错，岳飞墓阙上的确有楹云：“青山有幸埋忠骨，白铁无辜铸佞臣。”而且据说还有姓秦的晚辈曾经写诗叹曰“我到坟前愧姓秦”，但是，那些都是南宋以后的事情了。宋孝宗的确是给岳飞平了反，但这个“反”其实只平了一半，因为在给岳飞平反的时候，并没有追究秦桧的责任，直到开禧二年（公元 1206 年），宋宁宗因为要出兵北伐，出于军事政治斗争的需要，才在这一年的四月，下诏追夺秦桧王爵，改谥“谬丑”。但是，因为这次北伐失败了，所以在两年以后的嘉定元年（公元 1208 年），为了奉行降金乞和政策，宋宁宗又下诏书恢复了秦桧的申王爵位及忠献谥号。

也就是说，在公元 1163 年的时候，秦桧还是朝廷亲封的申王，而且还拥有“忠献”这样的美谥，那个时候对秦桧不敬，如果上纲上线的话，相当于对朝廷不敬，对皇帝不敬。在这种情况下，在给皇帝的上书中，陈良翰却公然鄙视秦桧，这不能不说是需要很大的勇气的。什么叫“威武不能屈”？陈良翰此举给我们提供了一个活生生的例证。在担任慈溪知县期间，天遇大旱，民遭饥荒。陈良翰排除了干扰，断然下令要求境内的富人们拿出粮食来救济灾民，这样一来，慈溪“上安下济，邑人赖之”。当地《续四明志》记述了此事，称良翰“天资高明，操尚介特，恢崇风化，作成人材，吏畏民爱”。

在陈良翰的身上，我们看到了什么叫作“富贵不能淫，威武不能屈”，正因为具有这种“富贵不能淫，威武不能屈”的大无畏精神，陈良翰才能够“虚堂悬镜”，干成当时的很多人觉得不太可能完成的事情。

（三）懒政、怠政并非今天才有，应警惕为官不为

唐代有一位非常有名的大和尚叫作“鸟窠禅师”，此人俗家姓潘，本名道林，谥号圆修。他九岁出家，二十一岁时到湖北荆州果愿寺受具足戒，后来入陕西投韬光禅师门下。由于道行深厚，时常有人来向他请教佛法。

有一天，当时另外一位著名人物白居易也慕名前来，两个人你来我往斗起了机锋。白居易向鸟窠禅师请教什么是“佛法大意”，鸟窠禅师回答“诸恶莫作，众善奉行”。原本以为这位著名的大德高僧会告诉自己什么深奥哲理的白居易听了，颇为失望地说道：“这是什么佛法大意，连三岁小孩都知道！”鸟窠禅师看了白居易一眼，意味深长地说道：“三岁孩儿虽道得，八十老翁却行不得。”这句话让白居易如醍醐灌顶。

鸟窠禅师的话非常深刻，这个世界上的很多事情其实都是如此，看起来很容易，但却很少有人能够做到。就拿本章的主人公陈良翰所做的这件事情来说吧，把拒不纳税的人“拉黑”，列入“老赖名单”这不就是举手之劳的事情吗？为什么只有陈良翰一个人做到了呢？其他人为什么做不到？究其原因我想无非有以下几点：一是想不到，二是想到而不敢做，三是想到而不愿做，四是想到而不会做。其中，第一种情况与相关行为主体的阅历有关，第二种情况与相关行为主体的胆量有关，第三种情况与相关行为

主体的情绪有关，第四种情况与相关行为主体的知识有关。其中第一点原因并不存在，我们千万不要以为只有现代人才能够想到把那些传递负能量的人"入另册"，加入"黑名单"，其实，中国古代早就有了类似的设置，这就是所谓的"奸臣传"。"奸臣"一词第一次在史书上出现虽然是在《宋史》里，《宋史》之前的各种史书还没有"奸臣"这种提法，但是，在《新唐书》之前的史书里，却也还是有类似的设置的，这就是所谓的"佞幸传"和"酷吏传"。南北朝时期，北魏有一个很有名的历史学家名叫魏收，此人在撰写史书的时候，就经常口出狂言，威胁那些得罪过他的人："何物小子，敢共魏收作色！举之则使上天，按之当使入地。"这段话翻译成现代汉语大意是说：你是什么东西，竟然敢惹我魏收不高兴，要知道，我在史书里既可以把你捧到天上去，也可以把你打入地底下！

所以，陈良翰的同时代人之所以做不到，不是想不到，而是想得到但不敢做、不愿做或想得到但是不会做。

前些年，著名作家二月河先生撰写的《雍正皇帝》很流行。特别是同名电视剧热播之后，许多原本对那段历史不是很熟悉的朋友可能也知道了其中的很多故事。不知道大家是否想过这个问题，如果论起勤政廉政来说，雍正皇帝可谓典范，但为什么死后遭到那么多非议呢？我想，这其中很重要的一个原因可能就是他大力倡导并且强力推行了"火耗归公"政策和"官绅一体当差，一体纳粮"政策。后者把官员和读书人给得罪了，前者则把官员们的随员也就是人们通常所说的胥吏给得罪了。中国古代地方官吏在征收钱税时，会以耗损为由，多征钱银，一般称为火耗或耗羡，这些多征收的钱银自然归下层胥吏所占有，雍正皇帝下令"火耗归公"岂不是断了这些人的财路？须知断人财路如杀人父母，所以，这些人自然要和雍正皇帝死磕了。

连皇帝都敢死磕，何况陈良翰的同僚们并不是皇帝。所以，他们明知道按规定缴纳赋税乃是封建时代臣民们的应尽义务，却不敢把那些没有任何理由但就是不按时缴纳赋税的“老赖”们暴露在光天化日之下，因为那些人很多都已经把下层胥吏打点好了，公示他们实际上就可能得罪下层胥吏。与其得罪远在京城的皇帝，也不可得罪近在咫尺的帮手，这个理由也可以解释那些不愿意做的官员们的隐秘心理。当然，也不排除有些官员确实想做，但却做不好，用今天的话说就是有可能做了但是摆不平。

诸葛亮是许多人都很熟悉的，历史上也有许多人拼命想要模仿诸葛亮，但却很少有成功者，这其中的原因很多，很重要的一点是许多模仿者往往只是形似而不是神似。

诸葛亮曾经将与他一起成为顾命大臣的李严贬为平民，这在当时是一件非常严重的事件，许多人想干但没有干成。更有意思的是，诸葛亮死在了李严之前，听到诸葛亮的死讯之后，李严竟然悲伤过度，号啕大哭，认为再也没有人能够理解他了——能够让自己的政敌在被自己罢官之后不心怀怨念，诸葛亮这份能耐不是谁都有的。陈良翰的那些同辈们之所以没有模仿他的做法，其中不排除有担心搞不定那些被拉黑的“老赖”们的考虑。

相关链接

给土豪劣绅戴高帽游街。毛泽东在著名的《湖南农民运动考察报告》中写道：“戴高帽子游乡。这种事各地做得很多。把土豪劣绅戴上一顶纸扎的高帽子，在那帽子上面写上土豪某某或劣绅某某字样。用绳子牵着，前后簇拥着一大群人。也有敲打铜锣，高举旗帜，引人注目的。这种处罚，最使土豪劣绅颤栗。”

第十一章

潜伏在成语“五月飞霜”背后与法有关的故事

第一节

让天气极端反常的不仅是窦娥

成语“五月飞霜”背后与法有关的故事和一个名叫邹衍的人有关。

元代大戏曲家关汉卿有一部很有名的作品叫作《感天动地窦娥冤》，说的是，中国古代一个名叫窦娥的弱女子因为被恶人陷害而惨遭杀戮的故事。这个故事因为各种文学艺术作品的广泛传播，在中国老百姓心目中留下了非常深刻的印象，今天我们在形容一件冤屈事的时候，常常说“比窦娥还冤”。

其实，在中国古代，真的有一个人比窦娥还冤，而且与虚构的文学艺术人物窦娥不同，这个人是一个真实的历史人物。此人姓邹，名衍，乃是战国时期的一位著名的学者。

列夫·托尔斯泰曾经说过：“幸福的家庭都是相似的，不幸的家庭各有各的不幸。”套用托尔斯泰的这句名言，我们不妨说，窦娥与邹衍各有其不幸。

邹衍的不幸主要来自于他虽然背井离乡，但仍然不忘故国。邹衍是战国时代的齐国人，具体一点说是战国时代齐宣王和齐闵王时期的齐国人。在齐国，他曾经辅佐齐国国君称帝。看到这里，有的读者可能会发出这样的疑问:“中国历史上第一个皇帝不是秦始皇吗?战国时期的齐国国君怎么会称帝呢?”

在秦始皇之前确实有两个人称过帝，其中之一就是齐闵王，我们很多人都很熟悉的语文课文《鲁仲连义不帝秦》说的就是这一时期的往事。

另一个是秦昭襄王。公元前288年10月，秦昭襄王自称西帝，派魏冉建议齐闵王自立为东帝，约请共同进攻赵国。

不过需要注意的是，那个时候的“帝”虽然与后来的“皇帝”有一定的关系，但是我们不能也不应把它和“皇帝”画等号。战国以前，“帝”专指道德修养和功德很大很高的人，也是最高管理者。秦以后才成为“皇帝”的简称。比如，如果我们阅读先秦时期的《庄子·应帝王》，就会发现，文章中有“南海之帝”“北海之帝”等。

齐闵王和秦昭襄王之所以称帝，是因为当时列国的国君均已称王，为了显示自己与那些泛泛之辈的区别，所以乃借上古大帝之名，作为自己的尊号。顺便再说一句，司马迁的《史记》以《五帝本纪》为首篇，所载帝号，实系后人所加。到了秦朝，秦始皇以“皇帝”为君主称号，“帝”才成为“皇帝”的简称。

但是，先秦时期的“帝”却对其他诸侯隐隐地构成某种意义上的威胁，所以，当时除了秦国和齐国以外的其他诸侯国结成了“统一战线”，并且选择了一个代理人做“内应”，密谋搞垮齐国。这个“内应”不是别人，正是赫赫有名的苏秦。

在中国民间曾经有苏秦挂六国相印的说法。这虽然有点夸张，但苏秦确实一度被任命为齐、赵、燕三国的相邦。正是在苏秦的帮助下，其他诸侯国成功阻止了齐闵王的称帝企图。虽然后知后觉的齐闵王在发觉自己上当受骗之后，将计就计把苏秦杀死，而且是车裂而死，但从此齐国却一蹶不振，齐闵王本人也被楚国大将淖齿弑杀。

眼见自己曾经苦苦扶持的帝王基业毁于一旦，邹衍有些心灰意冷。此时，恰逢燕国国君燕昭王招贤纳士，为郭隗修筑黄金台以师礼待之，以此作为尊贤榜样。一时间，各国人才争相趋燕。在这种背景下，邹衍离齐入燕。刚刚进入燕国的那段时间可能是邹衍一生中最荣耀的一段时间。《史记·孟子荀卿列传》记载：“昭王拥彗先驱，请列弟子之座而受业，筑碣石宫，身亲往师之。”邹衍本人也投桃报李，为了燕昭王的王霸之业殚精竭虑。

可惜的是，燕昭王并不是一个长寿的君主。他死后，继位的燕惠王竟然听信左右谗言，把曾经被燕昭王封为座上宾甚至老师的邹衍打入天牢。“信而见疑，忠而被谤”，邹衍悲愤欲绝。这个时候，非常诡异的一幕出现了。据《后汉书·刘瑜传》引《淮南子》说：“邹衍事燕惠王，尽忠。左右谮之，王系之，（衍）仰天而哭，五月为之下霜。”虽然唐代诗人白居易曾经写诗慨叹“人间四月芳菲尽，山寺桃花始盛开”，但是，五月飞霜确实和六月下雪一样，非常罕见，这给了那些想要营救邹衍的人们提供了一个难得的契机。在好心人的帮助下，邹衍才得以幸免于难，同时也给后人留下了一个至今仍然传诵的成语“五月飞霜”。

第二节

“五月飞霜”岂能“飞”完了就停止思考

那么，“五月飞霜”这个成语究竟能够给予我们哪些启示呢？

我想，这些启示至少有以下几点：

（一）不能也不应把“五月飞霜”仅仅看成是一种反常的天象

在中国古代，“天象”往往是与人间的事情紧密地联系在一起的。话还得从中国古代的政治制衡说起。自从秦始皇建立统一的封建帝国之后，“普天之下莫非王土，率土之滨莫非王臣”，各级官僚等级森严，一级管一级。但是，细心的人或敢于思考的人可能会发现一个问题：从不入流的胥吏到一品大员都有人管着，那么皇上归谁管？

《三国志》中曾经记载过诸葛亮手下一个名叫秦宓的能言善辩人士与东吴孙权的手下张温打嘴仗的故事。有一年，张温到西蜀帝国出访，因为秦宓对他略有不恭，于是开口问秦宓是不是读过书，秦宓回答：“五尺童子皆学，何必小人！”张温接着问：“天有耳乎？”秦宓不慌不忙地回答说：“天处高而听卑，诗云：'鹤鸣于九皋，声闻于天。'若其无耳，何以听之？"又问："天有足乎？"秦宓回答说："有。诗云：'天步艰难，之子不犹。'若其无足，何以步之？"这段对话很有意思。秦宓很显然是在强词夺理，但也不能说他没有一点道理。因为，在中国古代，无数人经过努力探索，终于成功地找到了一个办法来制衡皇帝，这个办法就是所谓的"天象示警"。所谓"天象示警"是指身为最高统治者的皇帝如果倒行逆施，老百姓敢怒不敢言的时候，上天就会通过一些特殊的"天象"对皇帝进行警告。这些天象包括天上星辰的光芒颜色，包括作为自然现象的雨雪风霜。孔子在编辑《春秋》的时候，就曾经提出"邦大旱，毋乃失诸刑与德乎"的疑问，并规劝国君要"正刑与德，以事上天"。这种借助大自然的力量来规劝皇帝的办法还是收到过一定的效果的。正是因为有了包括但不限于"天象示警"等在内的一些方式方法，才使得封建时代至高无上的君主们不至于做得太过分。当然，也不是所有的皇帝或君主都吃这一套，商朝第二十八任君主武乙就是一个另类。武乙就曾经因为不满意上天而弯弓射天，结果呢，后果很严重，当武乙有一天在渭河平原上打猎的时候，晴天白日里忽然来一个霹雳，不偏不倚正好击中了他，使得强壮如牛的他当场倒地身亡。这是记载于《史记》中的故事。

在封建社会，如何对帝王们近乎"无穷大"的权力进行必要的制约，这是每一个正直的读书人都心照不宣，但却特别想要解决的大问题。在科学技术并不发达、舆论监督非常弱势的情况下，借助神秘的外界力量来对帝王们的滥用权力加以警示甚至劝诫，这无疑是一种经济学中所说的"次优选择"。今天的我们不能也不应一味指责古人们在宣传"封建迷信"，要用著名历史学家陈寅恪先生的观点对借助"天象示警"的古人们做"同情之理解"，这才是辩证唯物主义和历史唯物主义者所应采取的态度。

（二）迷信的东西背后可能潜伏着一定的科学道理

邹衍从家乡齐国来到异国他乡的燕国，之所以能够在一开始的时候得到燕国国君的重用，除了他谈天说地的知名度之外，还有一点也是不应忽视的，而这一点又恰恰是许多爱护他的人往往语焉不详，甚至顾左右而言他的。

究竟是什么事情让今天的许多人讳莫如深呢？这件事可以用两个字来加以概括：吹律。“吹律”这个词在古代汉语里面一般是指“吹奏律管”，用今天的话说，就是演奏乐器的意思。西汉有一个很有名的学者叫刘向，这个人写过一本书叫作《别录》，在这本书中有这样的话：“燕有黍谷，地美而寒，不生五谷。邹子居之，吹律而温气至。”这段话大意是说，燕国有一个地方叫黍谷，这个地方的年平均气温很低，导致老百姓种的五谷都收成不好。而邹衍在那里吹奏律管，使得黍谷变成了暖谷。在当时的那个时代，谁能够帮助所在国的老百姓增加农作物产量，谁就是了不起的大人物，就是当时的“袁隆平”。

邹衍能够通过自己的努力，帮助当地的老百姓过上好日子，当地的老百姓自然就会把他神化，而这种神化因为古人记载的语焉不详，所以，竟然被视为是一种封建迷信，这实在是有一点可笑。邹衍之所以能够帮助当地老百姓过上好日子，并不是他演奏了一番乐器，而是他通过“吹律”准确地把握了黍谷所在地的农历节气，帮助当地的老百姓在合适的时间春种、夏耘、秋收、冬藏，从而避免了霜冻危害。其实中国古代有很多类似的故事，在所谓的“迷信”背后往往隐藏着某些科学的东西。比如说，在中国古代，很多地方都有不能让小孩子见生人的禁忌，许多人把这种禁忌视为封建迷信，其实，这是不准确的。

我们都知道，古人的活动范围一般都比较小，甚至很多人可能一辈子没出过乡，在这种情况下，生人一般是谁呢？外地人。为什么不让小孩子见外地人？因为外地人可能携带了完全不同的菌群和病毒，有可能会对抵抗力很弱的小孩子造成生命危险。

君若不信，不妨和您分享一个故事，这个故事与哥伦布有关。没错，就是那位号称发现了美洲的哥伦布。

众所周知，天花原产于欧洲，由于白令海峡的阻隔，欧洲大陆的人不能步行进入美洲，所以就不曾有机会把天花带到美洲。于是美洲大陆的原住民相当长的一段时间里竟不知天花为何物。如此猛恶的疾病，在旧大陆至少导致三亿生灵早夭，苍天待美洲原住民真的一度不薄。但是当西班牙人来到时，也带来了悲剧。哥伦布来到美洲，用小孩玩的玻璃珠子换取印第安人的黄金，然后把黄金带回去向西班牙国王展示，以此说动西班牙国王再次资助他的船队远航美洲。印第安人不知道的是，哥伦布带到美洲大陆的，除了廉价的玻璃珠子，还有天花病毒。由于上万年里从来没有谁经历过天花，美洲原住民对天花的抵抗力几乎是零。一旦染上天花，那就像雪人遇到滚水淋头。结果是天花一来，许多小的部落全部感染。加上毫无免疫力，于是基本被灭族。听过这个故事之后，估计朋友们就不会再轻易地把不让幼儿见生人当作封建迷信了。

生也有涯，知也无涯，每个人都有不熟悉、不了解的东西。对于自己不熟悉、不了解的东西，不能也不应轻易肯定或轻易否定。《论语》中有一句话，叫作“子不语怪力乱神”，说的是孔子对于某些超自然现象所持的一种态度。孔子就是孔子，他老人家的这个做法至今仍然能够给予我们以启迪。

（三）爱国主义乃是一个永恒的主题

本章的主人公邹衍原本是燕国国君的座上宾，包括他在内的非燕国人士前往燕国就职的时候，当时的燕国国君曾经拿着扫地的扫帚毕恭毕敬地在他们的前面为他们开路以表尊敬，这可远比后世某地的地方官迎接上级领导前来视察到县里的边界或市里的边界迎接要排场得多。

清代著名才子纳兰性德有一首很有名的《木兰词》，其中有两句是“人生若只如初见，何事秋风悲画扇”，写尽了男女之间的感情悲喜剧。其实，“秋风悲画扇”的又岂止是陷入情感生活之中的男女？滚滚红尘中的人们又有哪一个能够跳出三界外，不在五行中呢？邹衍虽然是一个大人物，但他也不可能跳出“等闲变却故人心”的规律，最终竟然由国君的座上宾变成了阶下囚。但这与男女私情无关，而事关另外一种情感，这种情感就是一个国民对生他养他的故国的情感，这种情感有一个大家都很熟悉的名字，叫作“爱国主义”。正是因为不肯帮助燕国攻打自己的祖国齐国，所以，邹衍才锒铛入狱。如果从世俗的角度加以考量，邹衍此举未免有点得不偿失，但倘若从更为宏阔的社会历史层面加以考量的话，邹衍此举大有必要。从理论上说，每一个人所做的每一件事，都有一个是着眼于当下还是着眼于长远的问题。绝大多数人肯定是图一时之快，所以往往在重大危急关头只考虑一时一事的得失荣辱，而有意无意忽略了事件可能带给当事人的长远影响，这其实也就是古往今来绝大多数人都只是匆匆过客，真正能够青史留名的人少之又少的原因之所在。

朱熹是南宋时期的著名学者，也是振兴儒家的关键人物，康熙皇帝曾经称赞他是“集大成而绪千百年绝传之学，开愚蒙而立亿万世一定之规”，明代著名学者陆简曾经称赞他“其词皆冲口而得，字亦纵笔所书，矩度弛张，姿态逸发，虽晋唐诸名家，未易比数”。可就是这样一位著名学者却在一次有关书法艺术的传承辩论中被一位并不如他有名的人给驳得哑口无言。这个人姓刘，名珙，字共父。他之所以能够让朱熹甘拜下风，是因为他们两个人修习书法时所临摹的对象不同：朱熹学习的是曹操的书法，而刘珙学习的则是颜真卿的书法。俗话说，文无第一，武无第二，仅就书法艺术而论，我们还真的不好说颜真卿的书法艺术就一定比曹操的要好。但是，刘珙并没有和朱熹论书法，而是论忠奸，用刘珙的话说就是“我所学者唐之忠臣，公所学者汉之篡贼耳”，这段话翻译成现代汉语大意就是：我学的是名传千古的大忠臣颜真卿的书法，而你呢，所学的不过是篡夺汉室江山的大奸臣曹操的墨迹，你还有脸和我论书法艺术的高低吗？！这段话的杀伤力究竟有多大，看看当事人朱熹的反应就可略知一二了。朱熹听了刘珙的话之后“默然无以应”——一时之间竟然说不出话来！

事后朱熹感慨万千地说“是则取法不可不端也”。今天有的人对于中国古代知识分子的这种忠奸之辨可能会感到不那么理解，但这却是中华文明能够数千年绵延不绝，中华文化能够薪火相传的原因之所在。倘若论起通过军事作战开疆拓土的成绩，岳飞在中国古代可能并不十分突出，他的最大梦想“直捣黄龙，迎回二圣”的愿望并没有实现，从某种意义上说，岳飞并不是一个世俗意义上的成功者。那为什么他却广受人们的尊敬和爱戴呢？我想，其中很重要的一个原因应该就是在他身上所彰显的爱国主义精神，用孙中山先生的话说“岳飞魂，是中华民族的精神代表，也就是民族魂”。

对于战国时代的齐国人来说，邹衍就是他们的“岳飞”。只不过，这位战国时期的“岳武穆”比真正的岳飞要幸运，“五月飞霜”之后，他得以出狱，回到了家乡齐国。

其实，不忘故国的岂止邹衍，南宋时的郑思肖也可以媲美邹衍。郑思肖，生于南宋理宗淳祐元年（公元1241年），他的父亲郑起曾经当过平江（今江苏苏州）书院山长。郑思肖年少时秉承父学，明忠孝廉义。二十岁左右，为太学优等生，应博学宏词试，授和靖书院山长。当元军大举南下时，郑思肖到临安（今浙江杭州）叩宫门上疏皇帝，怒斥尸位素餐者之恃权误国，要求革除弊政，重振国威，抵抗元军。因言辞激烈，上书被扣压，未予上报。南宋灭亡后，郑思肖学习伯夷、叔齐不食周粟的精神，不臣服蒙元的统治，自称“孤臣”。因为“肖”是繁体字“赵”（赵是宋的国姓）的构成部分，所以改名“思肖”，还把居室题额为“本穴世家”，以示对宋的忠诚——如果我们将“本”下的“十”字移入“穴”字中间，便成“大宋世家”。郑思肖原与宋宗室、著名画家赵孟頫交往较多，后来赵孟頫投降元朝并任官，郑思肖立即与之绝交。郑思肖擅画兰，宋亡后，所画兰均无土和根，喻故国土地已沦丧于异族，无从扎根。每逢岁时伏腊，望南野哭而再拜。

尽管有人曾经有意无意地对爱国主义做出过这样或那样的曲解，但爱国主义仍然是人类最崇高的情感之一，用中国古人的话说就是“天下国家，本同一理”。国家是大家的，爱国是每个人的本分。“国既不国，家何能存”——伟大的抗日英雄杨靖宇将军的这句话道出了一个朴素的真理：既然每一个人都爱自己的家，那就没有任何理由不爱自己的国。

第十二章

潜伏在成语“目无三尺”背后与法有关的故事

第一节

竟然还有扒人坟还有理的人

成语“目无三尺”背后与法有关的故事与一桩扒人坟的案件有关。在中国古代，扒人坟是一件非常犯忌讳的事情，但是，我们这个故事的主角张瑗却没有因为扒人坟而被唾弃，反倒还因此成为当时人心目中的英雄。

张瑗，清朝人，曾经当过江南道监察御史。江南道监察御史，顾名思义就是负责江南这个地方监察事务的官员，相当于现在的江苏、浙江、江西三省地域范围内的最高监察长官。

按照正常的逻辑，张瑗应该只对江南道的地方官员行使监督监察之职责，但是这一次他却“越界”管闲事，专门给皇帝上书请求皇帝批准把位于北京西山的一座坟给扒了。更为吊诡的是，这种“越界”扒坟的事皇帝不但不训斥，反倒一奏即准，这是为什么呢？

是谁这么遭人恨，难道这个人与张瑗有什么血海深仇吗？

当然不是，如果那样的话，张瑗极有可能会被其他人视为“公器私用”，用今天的话说就是公报私仇，那是违法的。

我们不妨看一下张瑗写给皇帝的奏折是怎么说的：“臣奉命巡视西域，前往西山一带查阅。至香山碧云寺，寺后峻宇缭墙，覆压数里，郁葱绵亘，金碧辉煌，疑是前代王侯寝宫。询之土人，乃知为故明罪恶滔天、磔尸身后逆珰魏忠贤之墓。墓上有穹碑二，巍然并立，大书‘钦差总督东厂官旗办事掌惜薪司内府供用库尚膳监印务司礼监秉笔总督南海子提督保和等殿完吾魏公忠贤之墓’。臣观览之下，不禁发指。”

这段话的意思是：我奉皇帝之命巡视地方，竟然发现在京城香山碧云寺有一座巍峨的陵寝，一开始时还以为是前代哪个王侯的寝宫，询问当地人才发现这竟然是明代大奸臣魏忠贤的坟墓。而且这座坟墓之前还有两块墓碑，碑上竟然用大字写着魏忠贤的官职“钦差总督东厂官旗办事掌惜薪司内府供用库尚膳监印务司礼监秉笔总督南海子提督保和等殿”，一下子感到非常震惊。

紧接着，张瑗就给出了震惊的理由。不妨再来看看他的原文：“夫魏忠贤者，在故明天启时，窃操国柄，屠毒忠良，恶贯满盈，一时群小皆出其门。德碑生祠，几遍天下，神人共愤，道路以目。至崇祯初年，罪状发露，押往祖陵，潜行自尽，磔尸河间。迄今公论在人，尚恨戮尸不足以蔽厥辜。乃畿辅近地，尚留此秽恶之迹，僭越之制，何以儆巨憝、昭大法哉？况当奉旨纂修《明史》之时，凡明季忠良被祸诸臣，无不立传表扬，以彰公道。光天化日之下，岂容奸孽余党，胆大泼天，目无三尺？”

这段话翻译成现代汉语，大意是这样的：魏忠贤那厮原本是明代天启年间的一个大奸臣。他在当政期间，窃操国柄，荼毒忠良，恶贯满盈，干尽了坏事，所以崇祯皇帝一继位，就把他撤职查办，发配到明王朝的祖陵去守皇陵，还在流放的路上又继续公布他的罪状，逼迫他自杀身亡。他死了之后，还把他的尸体千刀万剐，这些都是记录在案的，而且也都是有公论的。谁料想就在京城近郊竟然会发现有人公然为魏忠贤树碑，这岂不是与我大清惩恶扬善的精神相违背？

紧接着，张瑗又向皇帝提出了一个建议，这个建议是：“仰祈天威乾断，敕地方有司立仆其碑，划平其墓，俾天下后世，知凶恶之徒不能逭宪典于身前，并不能保坟墓于身后。其于圣明瘅恶之义，不啻炳如日星，严如斧钺矣。”这段话翻译成现代汉语，大意无非是：恳请皇上下令把魏忠贤的坟给扒了，把他的碑给拉倒了，以便给像魏忠贤这样的奸佞之辈以震慑。

这就是这个故事的始末。这个故事中提到了“目无三尺”这个成语，意思是“目无王法”。在中国古代，“三尺”这个词除了是一个度量衡单位之外，还有一个含义是指法律。古时把法律条文写在三尺长的竹简上，故称法律为“三尺法”，简称“三尺”。明代的黄道周在《节寰袁公传》中有这样的话：“或语公：‘此弄臣，奈何窘之？’公奋曰：‘吾知有三尺，何知弄臣！’”这段话中的“三尺”就是法律的意思。

第二节

搞臭魏忠贤不应成为最终目的

成语“目无三尺”背后的故事能够给予今天的我们哪些启示呢？

我想，这些启示主要有以下几点：

（一）要学会换位思考

看了上面这个故事之后，有些朋友可能会感到这个江南道监察御史张瑗未免有一点狗拿耗子多管闲事。是啊，魏忠贤和他并不属于同一个时代，就算魏忠贤再坏，他们也不可能有什么私人恩怨，这位监察御史大人是不是吃多了撑的，偏偏要和魏忠贤过不去？这不是活脱脱的现实版“关公战秦琼”嘛！

当然不是，我们不妨把这个问题转换为另外一个问题，看一看清代的乾隆皇帝是如何抬高大清帝国的敌人，贬低大清帝国的朋友的。

这涉及两个人，两个与乾隆皇帝并不生活在同一个时代的人，一个叫袁崇焕，一个叫钱谦益。

看过金庸金大侠写的著名武侠小说《碧血剑》的朋友们想必都对书中

的主人公袁承志印象深刻。袁承志之所以能够得到绝世高手传授武功，只是因为他有一个好爸爸。他的这位好爸爸不是别人，就是袁崇焕。虽然金大侠在小说中对袁崇焕有一些溢美之词，但总体说来，距离真实的历史并不太远。清太祖努尔哈赤曾经颇为无奈地说过这样的话：“朕用兵以来，未有抗颜行者。袁崇焕何人，乃能尔耶！”清末民初著名学者梁启超先生认为，“使督师以前而有督师其人者，则满洲军将不能越辽河一步，使督师以后而能有督师其人者，则满洲军犹不能越榆关一步，故袁督师一日不去，则满洲万不能得志于中国”。虽然也有人对袁崇焕杀毛文龙一事存有不同看法，但总体说来，说他是清朝的敌人恐怕没有什么问题。就是这样一个清朝的敌人，却被清朝的另外一个敌人崇祯皇帝下令杀死，而且还采用的是极其残忍的磔刑，也就是老百姓通常所说的“千刀万剐”，构成了明末最大一桩冤假错案。袁崇焕之死可谓亲者痛仇者快，最高兴的可能莫过于崇祯皇帝的死敌皇太极了。

与袁崇焕形成鲜明对比的是钱谦益。南明弘光元年（清顺治二年，公元 1645 年）五月，清兵逼近南京。兵临南京城下时，小妾柳如是曾经劝钱谦益与其一起投水殉国。钱谦益这位平常无时无刻不把忠君爱国挂在嘴上、一度被视为“正义”化身的东林党领袖沉思无语，最后走下水池试了一下水，留下了一句“千古名言”，这句话如果不是记录在严肃的正史里面，后代的人们肯定会以为这是有人在演小品，这句话是“水太冷，不能下”。而“唯小人与女子最为难养也”的柳如是则“奋身欲沉池水中”，却给钱谦益硬拖住了。小的时候读书，经常看到一句对读书人不太友好的话“仗义每多屠狗辈，负心半是读书人”，当时还以为说这话的曹学佺曹老爷子受过什么刺激，后来年事渐长，目睹了身旁的很多事情，才觉得曹老爷子实在是太过于客气了，至少是对明朝的读书人太过客气了。

比起南宋灭亡之际几十万读书人以身殉国，明末的读书人绝大多数简直就是苟且偷生之辈。五月十五日，钱谦益率诸大臣在滂沱大雨中开城向清军统帅多铎迎降，并且被清廷任命为礼部右侍郎管秘书院事，充修《明史》副总裁。从此，至少在表面上，著名读书人钱谦益就把自己的精力投入到全心全意为清政府鞠躬尽瘁、死而后已的事业上了。从对清军友好的角度加以考量，钱谦益妥妥的应该是大清帝国的朋友才对，但是，身为清政府最高统治者的乾隆皇帝却对敌人袁崇焕尊敬有加，亲自主持给袁崇焕平反昭雪，乾隆帝认为“袁崇焕督师蓟辽，虽与我朝为难，但尚能忠于所事，彼时主暗政昏，不能罄其忱悃，以致身罹重辟，深可悯恻”。乾隆不但给袁崇焕正名，而且准备给他大奖励。在做出给袁崇焕平反昭雪的决定之后，他立刻下令：“袁崇焕系广东东莞人，现在有无子孙？曾否出仕？著传谕尚安，详悉查明，遇便覆奏。”手下人奉命去查了，袁崇焕已经早就被崇祯皇帝斩草除根（袁承志只是金庸先生虚构的人物）没有后人了，有的只是远房玄孙辈，没做官。乾隆立即派人把袁崇焕这门亲属接上京城，给他安排了一个职位。

而对钱谦益，乾隆皇帝可就没有那么客气了，他不仅亲笔写诗痛骂钱谦益：“平生谈节义，两姓事君王。进退都无据，文章那有光？真堪覆酒瓮，屡见咏香囊。末路逃禅去，原是孟八郎。”而且还亲笔撰文称“至钱谦益之自诩清流，腼颜降附，及金堡、屈大均辈之幸生畏死，诡托缁流，均属丧心无耻。若辈果能死节，则今日亦当在予旌之列。乃既不能舍命，而犹假语言文字以自图掩饰其偷生，是必当明斥其进退无据之非，以隐殛其冥漠不灵之魄”。

套用汉代有名大儒的话说，帽子再破也戴在头上，鞋子再新也只能穿在脚下。不管怎么说，袁崇焕也是大清帝国的敌人——甚至连努尔哈赤都是死于此人的红衣大炮；钱谦益就算不好，也曾经举城投降，堂堂的大清皇帝为什么偏爱敌人，憎恶朋友呢？

著名学者阎崇年认为，在清朝皇帝中，可以作为英杰人物来论说一番的只有四位皇帝——清太祖天命大汗努尔哈赤、清太宗崇德帝皇太极、清圣祖康熙大帝玄烨和清高宗乾隆大帝弘历。乾隆是中国有文字记载以来享年最高的皇帝，也是中国历史上实际执政时间最长的皇帝。同时，乾隆又是在民间传闻最多、被文艺作品演绎最多和官方文献记载疑点最多的皇帝之一。这样一位皇帝他的所作所为肯定不是“兴之所至”几个字可以概括的。

那么，乾隆皇帝为什么要表扬大清帝国的敌人，贬斥大清帝国的朋友呢？原因说白了其实非常简单，那就是为了现实政治的需要。袁崇焕之所以被尊崇是因为他对大明帝国尽忠，钱谦益之所以被贬斥是因为他对大明帝国不忠。乾隆皇帝并不是只对袁崇焕感兴趣。乾隆某年秋天，他在翻阅历史文档时，看到了史可法写给多尔衮劝降书的回信，读后神经触动，马上就给史可法平反，追谥号为“忠正”，且写诗大力歌颂：“象斯睹矣牍斯抚，月与霁而风与光。井命复书书卷内，千秋忠迹表维扬。”并且下旨表彰：“史可法之独撑危局，力矢孤忠，终蹈一死以殉。又如刘宗周、黄道周等之立朝蹇谔，抵触佥壬；及遭际时，临危授命，均足称一代完人，为褒扬所当及。”

也许有的朋友会说，像乾隆皇帝这样喜欢翻历史旧账的人毕竟是少数，甚至可能是前不见古人，后不见来者的。是不是“后不见来者”笔者不敢说，但是，倘若说“前不见古人”，朱元璋就不会答应。

据明代学者蒋一葵的《尧山堂外纪》卷八十二记载，元顺帝有一头宠物大象，每逢大宴群臣的时候，这头大象经常拜舞为仪。朱元璋的手下攻下元大都之后，这头大象被弄到南京。有一天，朱元璋大宴群臣，想要这头大象拜舞为仪，谁料这头大象竟然趴在那里不听招呼，朱元璋大怒，命人把这头大象杀了。吊诡的是，第二天朱元璋竟然让人做了两块木牌，一块上面写着“危不如象”，一块上面写着“素不如象”，并且把这两块木牌挂在一个名叫危素的人的左右肩膀上。这位危素不是别人，正是我们这里要拿来说论的一个例子。

危素曾经是大元帝国的“高级公务员”。元至正二十八年（公元1368年）闰七月，朱元璋部攻入大都，危素感到国破家亡，欲跳井自杀但最终没有死成，后来做了大明帝国的翰林侍讲兼弘文馆学士。朱元璋一开始的时候对他还是不错的。朱元璋常赐酒宴与诸学士，并有诗词酬唱。危素呈诗虽在最后，往往独得太祖称赞，说危素“老成，有先忧之意”。但是，贰臣就是贰臣，哪怕他再博学，朱元璋也不会发自内心地尊敬他。

有一次，危素从外面进来见朱元璋，听到危素的脚步声，早就知道来的是危素的朱元璋故意问：“来的是谁？”“老臣危素。”走进房间之后危素老老实实地回答道。“我还以为是文天祥呢！”朱元璋充满恶趣味地揶揄道，把危素弄得十分狼狈。正因为对具有降臣身份的危素发自内心地不待见，所以，这才有了我们前面说到的那一幕。

看到这里，你或许可以理解清代的张瑗为什么那么火急火燎地非要找明代的魏忠贤的麻烦了。

看来，坏人并不是那么好当的，虽然当坏人有的时候可能会吃香的喝辣的，高官任做，骏马任骑，但用陈毅元帅的话说就是：“不是不报，时候未到；时候一到，一切都报！”哪怕已经不在人世了，也会有像张瑗这样的仗义之士对其进行严厉打击。

（二）要学会将心比心

“终极关怀”原本是一个宗教学术语，它源于人对自身存在的有限性恐惧和对生命存在无限性的企盼，它是人类超越有限、追求无限以达到永恒的一种精神渴望，是人类超越性的生死价值追求。与西方世界将对造物主的皈依作为主要的甚至唯一的终极关怀不同，中国古人尤其是中国古代的上流社会虽然表面上有些人也相信宗教，但是，他们更愿意把道德看得比生命更高贵、更重要。他们十分重视别人，特别是有话语权的人对他们的评价，尤其是在他们离开这个世界之后对他们的评价，觉得这种评价简直重于泰山。

司马迁的《史记》和左丘明的《左传》都记载过一个齐国太史的故事。这个人连姓名都没有留下来，但是，却得到了从古至今几乎所有正人君子的一致称赞。那么，他究竟干了什么呢？

话还得从齐国的一桩血案说起。我们不妨将这桩血案称为一桩“因男女私通引发的血案”。故事的男主角是当时的齐国国君齐庄公，此人是齐灵公的儿子，姓姜名光，时人称之为公子光，曾经一度被立为太子，后因为齐灵公的爱妾生下了一个儿子名叫公子牙，爱屋及乌的齐灵公想要废掉公子光改立公子牙。公元前554年，齐灵公患病，在大臣崔杼的帮助下，流亡国外的公子光回到齐国，继承君位，史称齐庄公。按照道理，原本继承无望，只能流亡国外的齐庄公最应该感谢的人就是崔杼，但是，他却看上了崔杼的夫人。这位崔夫人并非崔杼的原配，她原本是齐国棠邑大夫棠公的妻子，名叫东郭姜，棠公死后，耐不住寂寞的东郭姜改嫁崔杼。对于自己的夫人和齐庄公私通这件事，如果是换了别人可能忍忍也就罢了，但崔杼却不是一般人，他咽不下这口气，于是，在齐庄公身边宦官贾举的帮助下，趁着齐庄公到自己家里与东郭姜幽会之机，把齐庄公给活活地杀死了。要说这位齐庄公也够可怜的，临死之前，他不想束手就死，于是先登上高台请求免死，众人不答应；再请求盟誓免死，众人也不答应；再请求换一个体面的死法到太庙自杀，众人还是不答应；他想跳墙逃走，却被人用箭射中大腿，掉在墙内，最终被杀害。

杀了齐庄公之后崔杼拥立了齐庄公的异母弟公子杵臼做国君，是为齐景公。当时的崔杼可以称得上是一人之下万人之上，但他却很怕一个人，这个人不是别人，就是我们前面说的齐太史——专门负责记录历史的官员。

就在崔杼杀了齐庄公之后，这位秉笔直书的齐太史马上写下了“崔杼弑庄公”这样的话记录在案。就因为这短短的五个字，崔杼就把这位太史给杀了。杀了太史之后，崔杼很悲催地发现，这事没完，套用后世的话说“烈士回眸应笑慰，擎旗自有后来人”。太史虽然死了，但是他的二弟却还在，这位二弟也是个一根筋，一点也没有被崔杼的屠刀给吓住，拿起大哥留下的笔，继续写道“崔杼弑庄公”。“崔杼复杀之”——崔杼把太史的二弟又给杀了。但是，二弟死了还有老三，太史的小弟弟又拿起了笔，把崔杼搞得不胜其烦。

崔杼为什么接二连三地杀太史及其家人呢？原因其实非常简单，就是在于那短短的五个字中的“弑”字。

什么叫作“弑”？简单地说，“弑”就是“杀”。这位齐太史并没有胡编乱造，可他却用了一种特殊的记录历史的方法——春秋笔法。

所谓“春秋笔法”，也叫“春秋书法”或“微言大义”，是我国古代的一种历史叙述方法和技巧，即在文章的记叙之中表现出作者的思想倾向，而不是通过议论性文辞表达出来。具体一点说，记录者的褒贬往往是通过对同样一个动作或事件采用不同的动词或名词来体现出来的。具体到本文，齐太史记录崔杼杀掉齐庄公的那件事，没有用普通的动词“杀”，而是用了一个专门用来表示以下犯上的“弑”字，这样的一个字就非常鲜明地体现出来记录者对于崔杼的贬斥，隐含着指责他是一个乱臣贼子之意。

齐太史一家可谓满门忠烈，虽然老大老二先后死于非命，但却千古流芳；而站在他们对立面的崔杼虽然冲冠一怒为红颜，但却因为是以下犯上并且被认死理的齐太史兄弟盯上而被永远钉在了历史的耻辱柱上。

可能是有鉴于崔杼与齐太史之间的博弈太过血腥，其后很多年里，一直到唐代以前，都没有哪一个君主敢于冒天下之大不韪去打篡改历史的主意，但是正像网络上流传的那句话所说的那样：任何不可能都是用来打破的。

《资治通鉴》第一百九十七卷记载了发生在贞观十七年（公元 643 年）的一件事：有一次唐太宗李世民问负责撰写历史的房玄龄：“此前，历朝历代负责撰写历史的官员都不让当朝君主看他们所记录的历史，这是为什么呢？”房玄龄回答说：“真正的历史是应该不虚美不隐恶的，由于秉笔直书，有很多东西当朝君主读了可能会勃然大怒的，所以不敢让他们看到。”这段话说得很委婉，但是想要表达的意思却是非常清楚的。倘若是一般人肯定就会知难而退，但唐太宗不是一般的人。听了房玄龄的回答之后，他说了一番话：“我这个人论起胸襟来，超越古人！在我看来，此前的潜规则不怎么样。应该让当朝的皇帝看到同时代的史官所记录的当时的历史，以便知前日之恶，为后来之戒。所以，从今以后爱卿你可以把你撰写的与本朝有关的，特别是与我有关的历史先呈送给我，我来帮你把一下关。”唐太宗的这番话让号称“辅相文皇功居第一，遗表之谏精忠贯日”的房玄龄惊得说不出话来，一时间不知如何是好。这时，有一个人忍不住了，此人姓朱，名子奢，官拜谏议大夫。这位朱大夫给皇帝上书说：“陛下您想要打破惯例，审看史官们所撰写的关于您的历史，这本来也不是不可以，但是微臣担心以后的君主们效仿，史官们顶不住压力，只是根据皇帝的好恶去记录历史，全身远害，那样的话，悠悠千载，何所信乎？还有什么真实的历史留下来呢？！这也是此前的时代史官们不把他们撰写的本朝历史给当朝的皇帝看的原因之所在啊！”话都说到这个份上了，照理说，唐太宗也该知难而退了吧。但是这位被程祁誉为“谏无不从”的皇帝却愣是厚起脸皮不听劝。没办法，房玄龄只好把已经经过修改的本朝历史呈递给李世民。尽管已经有了心理准备，但是唐太宗的脸皮之厚还是超出了房玄龄等人的预料。看了房玄龄等人撰写的关于“玄武门之变”的历史，唐太宗竟然直接要求按照“周公诛管、蔡以安周”的思路进行修改。

唐太宗此举可谓开了一个恶例，或者叫非常不好的先例，也给唐太宗本人留下了一个难以抹去的污点。

唐太宗之所以非要看本朝实录，很重要的一个原因是对于相关历史中与自己有关的记载的焦虑或担心，这种焦虑或担心源于我们前面所说中国古人独特的终极关怀。理解了这种独特的终极关怀，我们也就能够理解为什么那位张瑗张大御史愣是死咬着跟他并不在同一个朝代的魏忠贤不放了。

其实，像唐太宗李世民这样利用自己手中的权力强行修改与自己所作所为有关历史的行为实在并不高明。老祖宗早就说过“要想人不知，除非己莫为”。唐太宗千算万算，就是没有算到他虽然“搞定”了房玄龄，但却搞不定后来者，诸如杀兄逼父、抢占弟媳等恶行还是广为后人所知，用美国前总统林肯的话说就是“你可以在所有的时间欺骗一部分人，也可以在一段时间欺骗所有的人，但你不可能在所有的时间欺骗所有的人”。所以，与其把对“终极关怀”的关注用到邪路上去，还不如一开始的时候就不犯错误。

（三）要学会认真反思

2011 年 8 月 22 日，网易新闻报道过这样一则消息《传莆田投巨资修复蔡京墓》，文章称：“蔡京是中国北宋时期的权相，其书法、诗词有相当高的造诣，蔡京也以贪渎闻名。在蔡京死后 885 年，传蔡京家乡福建莆田正以‘民间筹资、政府扶持’方式，酝酿修复蔡京墓，并将蔡京墓修复为旅游景区。”此消息引起舆论哗然，有评论指，‘为一个奸臣佞相修复墓穴，是为了让后人学习蔡京的贪渎精神吗？’”

尽管当地政府马上出来辟谣说修墓乃是媒体的误读，但一个不争的事实却是，这种有“逐臭”之嫌的举措却并非福建的孤例，此前就有媒体曝出多座城市争抢“西门庆故里”，而安徽黄山竟然建成了“鬼子进村”的旅游项目。有人据此推论说，下一步估计有人会考虑对汪精卫或秦桧的故居或坟地进行保护了——这可绝非笔者在此漫无边际地胡思乱想，而是有事实做依据的：据 2006 年 5 月 24 日《现代快报》报道：“在 2006 年 5 月 23 日举行的南京市第十三届人大常委会第二十二次会议上，该市关于《南京市重要近现代建筑保护条例（草案）》的说明时就指出：‘一批名人居所和历史事件发生地，如慰安所、汉奸居所、办公场所等，是本市一些重要事件的见证地，其建筑本身并非优秀，但因具有历史价值也需要进行保护。’”

南京市有关方面的做法在当时自然引发社会的广泛关注，点赞的和拍砖的都大有人在。

十几年的时间过去了，笔者不想再去参与这场“群殴”，我感兴趣的是为什么后世的人会对已经有了定论的古人，特别是那些已经被钉在历史耻辱柱上的奸佞之辈趋之若鹜？

现代人的解释是，这样做的目的一是为了保护所谓的文物，二是为了促进当地的旅游。这两种解释如果不假思索听起来似乎都有一点道理。按照百度百科的解释，所谓文物就是“人类在社会活动中遗留下来的具有历史、艺术、科学价值的遗物和遗迹”。汪精卫或秦桧的故居或坟地还真的是人类“遗留下来的遗物和遗迹”，至于这些所谓的“遗物或遗迹”是不是真的具有“历史、艺术、科学价值”，那可是仁者见仁、智者见智的事。而在拼经济的号召下，促进当地的旅游似乎更是一个“大杀器”，在这个“大杀器”面前，其他许多东西往往都显得那么苍白无力，如果不考虑其他因素，上述这些人的说法也不能说没有一点道理。

但是，这些人可能不知道，或者知道了装作不知道经济学中有一个概念叫作“外部性”。所谓“外部性”又称为溢出效应、外部影响、外差效应或外部效应、外部经济，是指一个人或一群人的行动和决策使另一个人或一群人受损或受益的情况。外部性一般分为外部正效应和外部负效应。前者是指好的或积极的影响（如花圃或果园给养蜂人带来的好处）；后者是指坏的或消极的影响（如化工厂有害化学物质和噪声的散布对环境所产生的消极或危害性影响）。当外部效应出现时，一般无法通过市场机制的自发作用来调节以达到社会资源有效配置的目的。外部效应的存在既然无法通过市场机制来解决，政府就应当负起这个责任。

在复杂的社会环境中，干任何事情都应该尽可能考虑到你的行为是否会给其他人带来不利的影响。修复或保护奸佞之辈留下的所谓遗迹可能确实会引来一些不明真相的看客，给当地政府带来一些旅游上的收入，但人活于世，有些钱是不能也不应去挣的，否则的话，何不去开大烟馆或妓院，那些东西也是很能挣钱的！

现在的情况是，公开开大烟馆或妓院肯定会招致一片骂声，也是违法的，但是公开保护汉奸居所却不受谴责，甚至堂而皇之地上了一个省会城市的最高权力机构的常委会进行讨论，长此以往，不知伊于胡底！

诸君如果对笔者说的不以为然，不妨和各位分享一下下面这则报道：长期关注“文化重建”的人文学者裴钰在《中国经济周刊》上刊载的《西门庆故里：野百合也有春天》，将西门庆故里之争推到了人们的眼前。文中写道：“‘西门庆故里之争’涉及山东省阳谷县、临清县和安徽黄山市，三地近十年来在‘西门庆故里’的招牌上竞争不息，西门庆被一改在传统文学名著中‘大淫贼、大恶霸、大奸商’的形象，华丽转身成为当地政府追捧的文化产业英雄。阳谷县将投资五千六百万元建设‘水浒传·金瓶梅文化旅游区建设项目’，复原西门庆和潘金莲的幽会地点。狮子楼本来是西门庆丧命之地，可阳谷更乐意把它改造为西门大官人的浪漫之地。2003 年 10 月，阳谷县政府投资三千四百七十万元兴建了占地三十余亩的狮子楼旅游城。颇有趣味的是，在阳谷县《2009 年政府工作报告》中，提出打造‘武松故乡’的品牌，巨大的产业需求使得武松和西门庆走向了和谐相处。临清县同样力挺西门庆。临清提出投资约三亿元打造‘西门庆旅游项目’，按照《金瓶梅》的描写，建设西门庆以及他的妻妾潘金莲、李瓶儿、庞春梅等的宅院，打造一个‘金瓶梅’式的大观园。重修王婆茶馆、武大郎炊饼铺等，上演民间艺术，如‘西门庆初会潘金莲’‘武大捉奸’等，游客交钱就可以参与表演拍摄，亲自体会一次西门大官人的极乐生活。而黄山徽州区则静悄悄地投资两千万元开发了‘西门庆故里’。该市徽州区称，根据考证，西门庆不是山东人，而是安徽人，是徽商的代表。这一切行为的根本，主要是地区招商引资的产业需求所致。”

魏晋南北朝时期南朝刘宋帝国有一个人名叫刘邕，此人有一个非常特殊的喜好，就是有“嗜痂之癖”。许多人可能都会嘲笑他“口味重”，但大哥不要笑话二哥，许多人在“逐臭”方面与刘邕不过是伯仲之间罢了。有的人甚至还不如刘邕，因为刘邕可能只是生理有病，而很多狂热逐臭的人则应该是心理有病。

相关链接1

关于袁崇焕之死。《明史·袁崇焕传》：魏忠贤遗党王永光、高捷、袁弘勋、史堃辈谋兴大狱，为逆党报仇，见崇焕下吏，遂以擅主和议、专戮大帅二事为两人罪。捷首疏力攻，堃、弘勋继之，必欲并诛龙锡。法司坐崇焕谋叛，龙锡亦论死。三年八月遂磔崇焕于市。兄弟妻子流三千里，籍其家。

相关链接2

孟子巧用不同动词化解齐宣王圈套。《孟子·梁惠王章句下·第八》曾经记载过这样一件事：有一次，孟子到齐国去，齐宣王问孟子：“商汤流放夏桀，周武王讨伐商纣，真的有这些事件吗？”孟子回答：“史料中有这种记载。”自以为得意的齐宣王接着问：“臣子犯上杀死君主，行吗？”孟子的回答是“闻诛一夫纣矣，未闻弑君也”——在孟子那里，就是通过选用不同的动词“诛”而不是“弑”为他心目中的圣贤辩白的。

第十三章

潜伏在成语“石邑深涧”背后与法有关的故事

第一节

看到一条山涧竟然悟出社会治理的奥妙

“石邑深涧”这个成语从字面上看就是有一个名叫石邑的地方，有一条很深的山涧，但是，人们却多用它来形容法律的森严，这又是怎么一回事呢？

故事与一个名叫董阏于的人有关。

董阏于，一作董安于，是春秋末期晋国人，赫赫有名的赵鞅赵简子的家臣。

赵简子是谁，可能并不是所有人都知道，但倘若我们提到另外一个人，大家就都知道了，这个人就是赫赫有名的赵氏孤儿。从元代著名戏剧家纪君祥开始，一直到2010年著名导演陈凯歌的加盟，历朝历代的文人墨客们一直围绕着这个真名叫作赵武的孤儿做文章，先后编写创作出《冤报冤赵氏孤儿》（又名《赵氏孤儿大报仇》）杂剧，《赵氏孤儿》电影、电视剧，等等。由于有了这些文人的推波助澜，赵氏孤儿的知名度那可不是一般的大。

我们刚刚提到的赵简子不是别人，正是这位赵氏孤儿的孙子。其实赵简子也不是籍籍无名之辈，许多人可能都知道“东郭先生和狼”的故事。

这个故事经过明代著名学者马中锡如花妙笔的传播，成为许多人耳熟能详的寓言故事。出乎许多人意料的是，这个故事中除了那位可恨又可怜的东郭先生之外，其实还有一个人，一个很重要的人，这个人不是别人，就是赵简子。马中锡是这样记载的：“赵简子大猎于中山，虞人道前，鹰犬罗后，捷禽鸷兽，应弦而倒者不可胜数。有狼当道，人立而啼。简子垂手登车，援乌号之弓，挟肃慎之矢，一发饮羽，狼失声而逋。简子怒，驱车逐之。惊尘蔽天，足音鸣雷，十步之外，不辨人马。”正是因为有了赵简子射狼在先，才有东郭先生救狼在后，在马中锡先生笔下，这位赵简子虽然很威武，但也不过是一个陪衬性人物。

当然，在本章赵简子也是一个“龙套”，之所以提到他，不过是想让大家借此熟悉一下我们的主人公，因为他是董阏于的主公。

当时，他们所处的时代正是春秋时期。西周初年周天子所分封的诸侯有很多已经名存实亡，有些掌握了实权的大臣也可以在自己的势力范围之内委派官员。董阏于就是被赵简子分封的官员。他被赵简子分封到上地做郡守。上地是上党地区的别名，在今天的山西省境内。当时韩、赵、魏三家各拥有上地的一部分，上党号称天下之脊，“俯瞰中州，肘臂河东、并州，则谓晋国咽喉也”，地势十分险要，所以自古为兵家必争之地。据《汉书·地理志》记载，这里“民风剽悍尚武”，要把这个地方治理好，可不是一件简单的事。

一开始的时候，董阏于其实也是有想法没办法，终于，有一天，机会来了。

这个机会来自一次外出考察。考察的过程中途经一个名叫石邑的地方，这个地方有一条深深的山涧。看到这条山涧，董阏于若有所思，问身边的人有没有人曾经掉下去过，身边人回答没有；董阏于又问，不懂事的孩子、白痴、聋哑、疯子，有没有掉进去的，回答说也没有；董阏于接着又问，那么牛马猪狗，有没有掉进去的呢？回答还是没有；董阏于故作好奇地继续追问，为什么呢？回答说，这深涧十分危险，谁要是掉进去了，哪还能有性命？因此谁走到这里都万分小心，都不敢去碰它，连牲畜也止步不前。听了这番话之后，董阏于意味深长地自言自语道：“我找到治理上地的办法了！”身边的人很好奇地问是什么方法，董阏于回答说，就像这条山涧一样，倘若我制定的法律规定像这条深涧一样，又险又深，估计就没有人敢于以身试法了。

这就是“石邑深涧”这个成语的由来。

第二节

受到启发的不应仅仅是董阏于

那么，这个成语背后潜伏着的相关故事能够给予今天的我们哪些启示呢?

我想，这些启示至少有以下几点：

（一）应特别重视法律等刚性规范手段的战略威慑作用

《孙子兵法·谋攻篇》提出一个概念，叫作“不战而屈人之兵”，孙子认为这是所有好事中最好的事情（善之善者也）。“不战而屈人之兵”乃是一种追求，这种追求是需要一定的条件做保障的，这个保障条件就是战略威慑。

包括法律在内的一些刚性约束实际上也可以视为是一种战略威慑。太史公司马迁曾经用充满赞叹的语气评价春秋时代郑国著名政治家子产：“为相一年，竖子不戏狎，斑白不提挈，僮子不犁畔。二年，市不豫贾。三年，门不夜关，道不拾遗。四年，田器不归。五年，士无尺籍，丧期不令而治”，认为子产是一位非常伟大的政治家。郑定公八年，子产病重，眼看自己将不久于人世，就命人叫来了自己的接班人游吉，说有重要的话要对他说。游吉听了不敢怠慢，立刻来到子产的面前，非常认真地准备好记录用的竹简和毛笔，想要记录下不传之秘。子产断断续续地对游吉说：“我去世之后，国君必定会任命你接替我的位置，不知道你打算怎么做？”游吉想都没想就说：“当然要依靠德政治理国家了。”“除此之外呢？”“我还真的没有想过。”“你有没有想过如何发挥从严治国的威慑作用呢？”“什么意思？”游吉不解地问。“你觉得火和水哪一个更容易伤人？”子产突然提出了一个看似不相干的问题，游吉彻底懵了，不知道这位执政大人为什么突然问了这样一个不搭界的问题。似乎看透了游吉的内心，子产接着说道：“许多人往往以为是火，熊熊烈火更容易伤人，实则不然。因为火的杀伤力确实看起来很大，但是也正是因为这一点，老百姓见到熊熊烈火就避之唯恐不及，所以很少有人因为不避火而被烧死；而水却不同，它看起来似乎很温柔，但往往潜伏着杀机，民众因为轻视它往往会被水淹死。”停顿了一下，子产接着说，“治理国家如果政策太宽真的是不合适啊，除非你是一个品德声望都很高的人。”说完这话之后不久，子产就去世了。

子产去世之初游吉并没有把子产说的话放在心上，处处与子产在世时的执政风格相反，采用从宽治理的办法治理郑国，结果郑国出现了很多盗贼，他们从沼泽地召集人手，四处烧杀抢掠，搞得郑国鸡犬不宁。直到这个时候，游吉才意识到当年子产跟自己说的那番话是多么富有远见卓识，连连叹息：“我倘若早听从子产夫子的，就不会到今天这个地步。”于是发兵去攻击盗贼，将他们全部剿灭，但郑国也因此迅速衰落下去了。

这个故事非常深刻，从人性的角度加以考量，“从宽”比“从严”治国似乎更好，游吉一开始时估计也是这么认为的。但是理想很丰满，现实很骨感。后来的事实证明这种认知是不正确的。游吉其实没有理解子产那番话的真正含义。子产想要说的是，要充分发挥政策或法律的战略威慑作用，就像火一样，这样的话既可以使老百姓少犯错，又可以降低国家的治理成本。董阏于看到石邑深涧之后所受到的启发其实也是这个意思。

《韩非子》还曾经记载过另外一个故事。故事说孔子的学生子贡读到一条历史记载，说殷商时代有一条法律规定，严格禁止随便往大街上倾倒灰烬，谁若是随便倒了就处以重刑斩断一只手。子贡觉得这个刑罚过于严苛，于是就去问孔子，想听听老师的看法。子贡本来以为老师一定会和他一样认为殷商统治者未免有点小题大做，但孔子却不这么认为，反倒认为这种规定很有道理。子贡那个拗脾气一下子上来了，很不服气地问老师为什么。孔子看了子贡一眼，意味深长地说："随便往大街上倾倒灰烬可能就会把过路人的衣服弄脏，把过路人的衣服弄脏可能就会令被弄脏者发怒，人一发怒可能就会挺身而斗，挺身而斗就有可能发展成打群架，打群架就会扰乱社会治安，为了避免这些情况的出现，所以必须立下规矩严格禁止随便往大街上倾倒灰烬。""但是，即使如此，也不用处以重刑吧？"子贡不服气地说。孔子看了看弟子，接着说："处以重刑是每一个人都不喜欢的，与这个相比，不随便往大街上倾倒灰烬则是相对比较容易的，使人行之所易，而无离所恶，此治之道。"孔子的这番话也说明，只有充分发挥法律的战略威慑作用，才能把国家治理好。

不由想到为什么有那么多的国家，特别是一些中小国家竭尽全力勒紧裤腰带都要研制本国自己的核武器，难道这些国家的领导人都是好战分子吗？当然不是，至少不全是。我想这些国家之所以要研制核武器，肯定是看中了这种武器的战略威慑作用。法律从某种意义上说就是一种具有战略威慑作用的"核武器"。就像人们不期望实际使用核武器一样，我们当然也不希望频繁使用法律这样的"核武器"。因此，在笔者看来，教育与教化和法律同样重要，甚至比法律更重要。

（二）治国理政需要从日常生活中获得灵感

在科学技术尚不发达的古代，许多官员往往借助日常生活积累下的经验来处理政务。清代的蒲松龄在《聊斋志异》一篇名叫《于中丞》的小说中记载了这样一件事：清康熙年间，一代名臣于成龙在任罗成县令时，仅仅因为看到两个男子抬着一个女子出门的举动，就断定这其中必有蹊跷，从而挖出一桩抢劫大案。于成龙是怎么侦破这样一桩大案的呢？原来，这一天清晨他路过邻县，见两个男子用床抬一个女病人，后面还跟随几个健壮男人。这几个男人不时把手伸到那个女病人身子底下掖被子，像是怕被风吹着。走不多远，又换人抬。于成龙见了很是奇怪，就问抬的什么人，男子回答说，妹子病重，送回夫家养病。于成龙见状不由怀疑有鬼，密派人尾随其后，见他们把这个女子抬进村庄一农户家，被两个男子迎了进去。于成龙想了想，便推断这伙人是抢劫财物的强盗。经审查，果然不假，原来他们抢到金银珠宝后，往农村转移，雇了一个妓女躺在床上做掩护。

结案后众人十分惊讶，问于公怎么能够看出其中的蹊跷，于公笑道：“事情很简单，但不琢磨就不易发现。你想，哪有良家妇女躺在床上，随便让人屡屡把手伸到被子底下去的呢？再说一个病妇有多重？那么壮的男子不断换肩，又不断掖被，说明里面东西很重又怕人看见。还有，如果真是病妇回家，必有妇人在门边等候迎接，而这家只见两男子迎候。这些异常现象，不都证明有鬼吗？”

无独有偶，“铁齿铜牙”纪晓岚在《阅微草堂笔记》中也记载了一则极为出色的根据日常生活经验侦破大案的故事。这是一起“雷击谋杀案”。故事发生在雍正年间的一个夏天的夜里。河北献县雷雨大作，随后有人到县里报告：“城西某村有一年轻农民被雷击身死。”知县闻报后亲自率人前往现场勘验。检验完毕，吩咐死者亲属将死者入棺埋葬，就回城去了。大家以为知县没发现什么疑点，事情就了结了。可是半月以后，知县命人抓来一个人，指出他就是制造假雷杀人的凶手。众人不明所以。经审讯，这个人如实交代了他与死者的妻子私通，想做长久夫妻，便合谋制造假雷杀人的经过。这个案件出乎人们的意料，有人惊奇地问知县：“您是怎么知道那雷是假的呢？又是如何查出制造假雷的凶手的呢？”知县回答说：“雷击人自上而下，不会裂地；如果毁坏房屋，也必自上而下。可是我去观察现场时，却发现苫草、屋梁全都飞起来。同时，现场离县城不过五六里，雷击应该与城里相同。那一夜城里雷电都盘绕在浓云之中，没有下击的样子，所以知道那击死人的雷定是人工伪造的。”“那么你又是怎么知道这个人就是凶手呢？”有人接着问。知县回答说：“造假雷没有几十斤火药根本不行，而要配制火药必须用硫黄。现在正值盛夏，并非年节放花炮的时候，买硫黄的寥寥可数。我秘密派人到集市探问卖硫黄配火药的匠人，匠人说他配制的火药都卖给这个人了，所以怀疑他是凶犯。抓来后，他还狡辩，说买药是用火枪打鸟。我说‘用火枪打鸟只需几钱火药，至多也不过一两左右就够一天用的，你为什么一下子买了二三十斤？’这么一问，凶犯张口结舌，只好认罪。”

于成龙也好，献县知县也罢，他们之所以能够侦破大案要案，是因为他们非常重视从日常生活中寻找智慧和灵感。本章的主人公董阏于之所以能够成为赵简子手下的得力干将，留下了丰功伟业，很重要的一个原因也是他非常善于向生活要智慧，看到了一条普通的山涧，也能够从别人视若无睹的自然环境中悟出治国理政的道理来。

我们以往常说，艺术源于生活，其实，智慧往往也与日常生活有着密不可分的关系。有些古人虽然读书不多，但却很有智慧，就是很好的范例。

（三）要学会辩证思维，宽严相济才是王道

先秦著名思想家老子在《道德经》第二十三章中说过这样的话：“飘风不终朝，骤雨不终日。”这话是很有道理的。秦朝末年，群雄并起，逐鹿中原，为什么刘邦最后能够胜出？是因为他有高贵的出身和高明的武功吗？当然不是，论起这方面他远远不是项羽的对手。刘邦之所以能够最后胜出，很重要的一个原因可能和他刚攻进秦国首都咸阳之后与当地老百姓口头签署的一个协议有关。

元代著名政治家耶律楚材就曾经写过《怀古一百韵寄张敏之》，其中就有“约法三章日，恩垂四百基”这样的说法。在耶律楚材看来，正是有了这样一个口头协议，才奠定了大汉王朝整整四百年的基业。这个充满神奇色彩的口头“协议”就是所谓的“约法三章”。这个整整奠定了大汉王朝四百年基业的协议内容只有三条：杀人者死；伤人抵罪；盗窃抵罪。哪一个国家不是这么干的，为什么秦朝的老百姓就吃这一套呢？

许多学者做过各种各样的分析，在笔者看来，秦朝的老百姓之所以欣然接受，而且乐于遵守这一协议，很重要的一个原因是此前的秦朝严刑苛法简直到了让人无法容忍的程度。司马迁在《史记》中说，秦朝的老百姓“赭衣半道”，而“劓鼻盈蔂，断足盈车，举河以西，不足以受天下之徒”。有人认为，太史公的说法有些夸张，但是，近年来随着出土文物的发掘，我们发现，司马迁的说法并不是“广州雪花大如席”，而是“燕山雪花大如席”，虽有一些夸张，但并没有违背基本事实。比如据新出土的云梦秦简

《语书》记载，对私斗、拾遗、私徙、游食、非时砍伐林木、撰写匿名信、行巫蛊、户籍报不实，以及向大街抛秽物、灰烬等各种不良行为，当时的秦国均视为犯罪；官吏“知而不举”，甚而“养匿邪僻之民”，就要严加追究，严加管束。当时的秦国老百姓都生活在数不清的严刑苛法的恐怖之中。试想一下，你往大街上倒一点灰，就有可能被砍掉一只手，在这种情况下，突然有一个人，而且还是一个有一定军事实力的人，告诉你，以前秦帝国和你们“签署”的那些“协议”通通作废，你们只需遵守这三条规定就可以安居乐业了，结果不言自明。

刘邦的高明就在于，他虽然并不一定读过老子的著作，但却懂得“飘风不终朝，骤雨不终日”的道理。本章的主人公董阏于其实也是一个聪明人，我们千万不要被这个成语故事迷惑住，从而认为这位董阏于先生从来都是一个只懂得严刑苛法的人。事实上，他原本是一个性格非常平和的人，这可以从他身上经常佩戴的弓弦窥见端倪。

中国古人有借助外物自警自省的习惯，一般来说，性子比较急躁的人，往往要在自己的身上佩戴“韦”，也就是熟皮。因为熟皮性柔韧，性情急躁的人佩在身上，可以以此来提醒自己要像熟牛皮那样软韧，诸事不可急躁；而性格比较缓慢也就是人们通常所说的慢性子的人则往往身佩弓弦以提醒自己要像弓弦那样紧张。《韩非子》卷八中有这样的话：“古之人目短于自见，故以镜观面；智短于自知，故以道正己。故镜无见疵之罪，道无明过之恶。目失镜则无以正须眉，身失道则无以知迷惑。西门豹之性急，故佩韦以自缓；董安于之心缓，故佩弦以自急。故以有余补不足，以长续短之谓明主。”这段话翻译成现代汉语大意是这样的：古人懂得眼睛不能看到自己的仪容，所以要用镜子来照看自己的脸面；自己的智慧不能知道自己的作为是否得当，所以要用道义来匡正自己的行为。镜子如实地反映人脸上的污点，并不是镜子的罪过。道义显示人的行为有过失，不应该受到抱怨。不依靠镜子，人就不能整饬仪容；自身失去道义就不能知道自己迷乱。西门豹的性情急躁，所以常常佩着一条软而韧的熟牛皮带，以警醒自己不要性急；董安于（即董阏于）的性情迟缓，所以常常佩着一张绷得紧紧的弓弦，以勉励自己不要迟慢。因此能用有余来补救不足、用长处来补助短处的就可以称为明主。

董阏于也是深知宽严相济才是王道这个道理的，所以才综合施策，把自己治理的地方建设成了主公赵简子稳定的根据地，使得后者在波诡云谲的春秋时代始终能够巍然屹立于诸侯之林。

董阏于的故事其实还给予我们另外一个启示，那就是人贵有自知之明。只有认识到自己什么方面有缺点和不足，才能够想方设法加以改正。当然了，“知”是“行”的前提与基础，但如果仅仅停留在“知”的层面而不去“行”，或者没有什么针对性地乱“行”，也是不会有什么好的效果的。董阏于的可敬之处就在于，他不但明“知”，而且善“行”。

相关链接

朱自清表字的来历。著名文学家朱自清先生字“佩弦”，号“秋实”。朱先生以“佩弦”为字，大概也是取的“勉励自己不要迟慢”这个意思。我们知道，朱自清一生勤勉，精于治学，著述甚丰，以“秋实”为号倒也“号副其实”。这“秋实”不能不说和“佩弦”有紧密的联系，没有“佩弦”的自励，恐怕也就没有那累累的“秋实”吧。

第十四章

潜伏在成语“打草惊蛇”背后与法有关的故事

第一节

王鲁，你不是一个人在“战斗”

“打草惊蛇”这个成语从字面上看就是因为拨动草而把草里面的蛇给惊动了，人们多用它来比喻做事情不谨慎，反使对方有所戒备。其实，这个成语背后也隐藏着一个与法治有关的故事。故事与一个名叫王鲁的人有关。此人生活在南唐时代，曾经当过南唐的当涂县令。当涂乃是今安徽马鞍山下辖的一个县，名取地处临淮涂山之意。此地历史最早可以追溯到西周时期，但是，直到东晋咸和四年（公元 329 年），因为江淮间战乱，民多南渡，才在江南设立当涂县及淮南郡，以安置流民。

当涂县令虽然不是什么多么了不得的高官，但在当地也是一个人物。古代著名小说“三言二拍”中就有这样的故事，说有一位地方土豪卢太学因为轻慢了当地的知县，结果被知县害得几乎丢了性命。而大家都熟知的“杨乃武与小白菜”的故事中的两个主角，之所以遭受牢狱之灾，甚至差一点死于非命，很重要的一个原因就是因为得罪了当地的知县刘锡彤父子，结果被诬为杀人凶犯，几乎丧命。

王鲁在就任当涂县县令之初，曾经向前任县令请教如何升官发财，前县令回答道：“诀窍不多。你上任后的第一年，一定要勤恳清白，落个好名声；第二年，小打小闹搞点银子，不要引起别人注意；第三年，你要搞多少银子就搞多少银子。因为你有前两年的好名声，谁也不会怀疑你。”王鲁听罢，点点头，又摇头。前县令被王鲁的这些肢体语言弄得不明所以，不高兴地问：“您这是什么意思？难道怀疑我说的话的真实性吗？”王鲁连忙回答说：“不敢。”——前县令已然高升，俗话说“山不转水转”，万一哪一天自己一不留神成了他的部下了呢？“那你为什么连连摇头？”前县令不解地问。“晚辈之所以连连摇头，是因为装银子的箱子，放钱的口袋，我在三年前就准备好了。我可没有大人那样的雅量，根本不想等三年啊！”这番话实在是大实话，言为心声，道出了王鲁的真实想法。但是官场毕竟是官场，吃相太差也不利于自己的可持续发展，所以，王鲁还是不敢过于明目张胆地贪赃枉法，当然了，该捞的钱还是一分也不少，只不过不像手下官员那么张扬罢了。

与王鲁相比，当涂县的其他官员就没有什么顾忌了，其中尤以主簿为甚。主簿系古代官名。《文献通考》卷六十三上说：“盖古者官府皆有主簿一官，上自三公及御史府，下至九寺、五监以至州郡、县皆有之。”隋、唐以前，因为是长官的亲吏，主簿权势颇重。比如习凿齿就曾经担任过东晋权臣桓温的主簿，时人有“三十年看儒书，不如一诣习主簿”的说法，由此可以看出主簿职位的显赫。此为主簿权势最盛之时。隋、唐以后，主簿是部分官署与地方政府的事务官。虽然不再像以往那样口含天宪，但对于升斗小民来说，那也是高高在上的大人物。这位主簿大人在当涂县欺男霸女，无恶不作，贪污起钱来更是敲骨吸髓。有一次，朝廷派官员下来巡察地方情况，当涂县老百姓一看机会来了，于是大家联名写了状子，控告县衙里的主簿等人营私舞弊的种种不法行为。

按照当时的惯例，状子首先递送到了时任县令王鲁的手上。巧的是，状子上所列举的罪行，和王鲁平时的违法行为几乎一模一样。这可把王鲁吓坏了，冷汗不停地往下滴，他一边看着手中的状纸，一边发着抖，惊恐的心怎么也安静不下来。他用颤抖的手拿笔在状纸上写下了他此刻内心的真实感受：“汝虽打草，吾已惊蛇。”意思是你们控告主簿，虽然目的就像是为了打地上的草，但是我就像那条躲在草里的蛇，被大大地吓了一跳！写罢，他手一松，瘫坐在椅子上，笔也掉到地上去了。

第二节

往事越千年，浮想联翩

这个故事可以引发许多联想，那么，我们能从中悟出哪些启示呢？

我想，这些启示至少有以下几点：

（一）出来混总是要还的

“出来混总是要还的”这句话出自刘德华和梁朝伟主演的电影《无间道》。电影虽然是虚构的，但是这话却充满了哲理，而且已经屡屡被真实的历史所不断证明。

熟悉中国古代历史的朋友们想必都知道，东汉亡于曹魏，时间是公元220年12月10日，所用的方式是所谓的“禅让”，就是使用武力胁迫东汉最后一任皇帝汉献帝把皇帝的位置交给当时的魏王曹丕。四十五年之后的公元265年11月12日，曹魏帝国被司马炎所灭，四十五年前的那一幕重演，司马炎灭亡曹魏帝国同样采取的是所谓的“禅让”的方式。有意思的是，当年曹魏帝国灭掉东汉的时候对被迫退位的汉献帝刘协并没有像罗贯中先生在《三国演义》中所说的那样予以杀害，而是网开一面，封刘协为山阳公，允许他在其封地奉汉正朔和服色，建汉宗庙以奉汉祀。曹魏帝国的开国皇帝曹丕还同时给刘协留了句客气话：“天下的好东西，我跟你可以一起享受。”这一点仁慈在四十五年之后得到了回报——篡夺了曹魏帝国之后，西晋帝国的开国皇帝晋武帝封曹魏帝国的最后一任皇帝曹奂为陈留王，食邑万户，宫室安排在邺城，允许他使用天子旌旗，备五时副车，行魏国正朔，郊祀天地礼乐制度都仿效魏国初期的制度，给予他上书不称臣、受诏不拜的待遇。曹奂亡国后的地位、待遇、结局可以说是历代亡国之君中最好的。倘若四十五年前，大权在握的魏文帝曹丕在篡夺东汉江山的时候，像刘备所宣称的那样把汉献帝杀死，那么，四十五年之后他的子孙后代很可能重蹈覆局。

另一史实。五代十国时期的后周帝国第二任皇帝周世宗柴荣被史家称为“五代第一明君”。他十五岁从军，二十四岁拜将，三十三岁称帝，不仅精明强干，而且节约俭朴，赢得了广泛的拥戴，可惜的是英年早逝、功败垂成。公元 959 年 6 月 30 日，周世宗柴荣驾崩，继位的周恭帝柴宗训年仅七岁，时任殿前都点检、掌管殿前禁军的赵匡胤欺负周世宗留下的孤儿寡母，于公元 960 年正月发动“陈桥兵变”夺得了江山。三百一十五年之后的公元 1275 年正月十八日，三路元军会师于浙江杭州的皋亭山（在今浙江杭州北），进逼当时的南宋首都临安城下。当时的情况和三百一十五年前极其相似，上一任皇帝南宋度宗皇帝刚刚去世不久，留下三个未成年的儿子，谢太后召集群臣商议，决定立时年四岁的赵㬎做皇帝，是为南宋恭帝。南宋朝廷可谓是孤儿寡母执掌朝政，面对蜂拥而来的蒙古军队，谢太后派人出去想要打悲情牌，恳求对方不要灭掉南宋小朝廷，被蒙古军队最高统帅伯颜严词拒绝，伯颜冷冷地说：“你们赵宋当年就是从孤儿寡妇手中夺得政权的，今天又从孤儿寡妇手中失去政权，这不是天意吗？”

伯颜的话在南宋小朝廷的人看来可能有些不近情理，但细细想来实在是意味深长。后人有诗吟诵此事说："当日陈桥驿里时，欺他寡妇与孤儿。谁知三百余年后，寡妇孤儿亦被欺。"

出来混总是要还的。回过头来我们再看看本章的主人公及其同党在搜刮民脂民膏的时候，可能不一定想到喝冷水花脏钱早晚会得病的道理，结果一旦面临上级部门的巡察时就惶惶不可终日。

按照佛教的观点，我们所生活的这个世界存在着"因果铁律"。今日之"果"必有昨日之"因"，今日之"因"，又会导致明日之"果"，所以佛家主张但行好事，莫问前程。这种观点虽然在许多人看来不无迷信，但并不是没有道理。包括但不限于曹操及其后人们的遭遇从一个侧面警示后人勿以恶小而为之，至于大恶就更不应该为了。

（二）相关行为主体的相关心理活动值得特别关注

好莱坞电影中有一种类型片叫作西部片，西部片也被称作牛仔片（Cowboy Movie）。2001年夏季，一部低成本的西部片《狂风沙》曾经一度登上美国票房排行榜榜首，这使得沉寂多年的西部片又重新进入了人们的视线之中。这种类型的电影有一个"游戏规则"：片中必有头戴宽檐帽、腰挎左轮枪、相貌粗犷又不失英俊、代表正义一方的牛仔，还要有横行无忌代表邪恶的歹徒恶棍，西部的象征符号——广漠无垠、黄沙漫天的荒野和荒凉的小镇更是必不可少，而正邪双方最后必有一场惊天动地的决斗，结局一定是正义战胜邪恶。

为什么西部片的结局一定是邪不压正？一个心理学专家经过几年的研究得出结论认为，之所以如此安排，很重要的一个原因就是邪恶之人在与正义化身进行生死对决的时候，往往在心理上有一种理不直气不壮的感觉，这种理不直气不壮的感觉实际上就是做贼心虚，对于这种心理活动的深入发掘成就了好莱坞西部片的伟业。

循着这个思路对中国历史上的一些人和事进行观察，我们就会有一些有趣的发现。比如，唐太宗李世民是绝大多数人公认的所谓开明君主，《旧唐书》说他“拔人物则不私于党，负志业则咸尽其才。……从善如流，千载可称，一人而已”；大文豪苏东坡称赞他“从谏近乎圣”；《剑桥中国隋唐史》则认为“太宗代表了一个文治武功理想地结合起来的盛世，他一贯谦虚耐心地听取群臣的意见”。其实，唐太宗并不是一个天生的圣人，之所以励精图治、从善如流，很重要的一个原因可能和玄武门之变后他的负疚感甚至罪恶感有关。

玄武门之变是唐高祖武德九年六月初四（公元626年7月2日），由当时的唐高祖李渊次子秦王李世民在唐王朝的都城长安太极宫的北宫门——玄武门附近发动的一次流血政变。宫廷政变在封建社会并不是什么稀罕事，除了两汉分别是由出身民间的“草根”刘邦和刘秀“逆袭”创立的之外，从三国时代开始，到西晋、东晋，南朝宋、齐、梁、陈，十六国北朝，再到其后的北魏、北齐、北周，一直到杨坚建隋、李渊创唐，几乎每一个新生的政权都是依靠各种各样的“政变”取代原来的旧政权而诞生的。所以，像东晋的那个皇帝司马绍听手下大臣王导说起自己的祖先当年依靠不光彩手段篡夺曹魏政权而惭愧不已的人其实极少。但是，那些政变针对的往往都是“外人”，而像“玄武门之变”这样的“兄弟阋墙”却并不是很多。所以，身为亲历者和最大受益人的李世民对于此次政变的外界评价一直十分关心，甚至还根据需要暗示手下史官对这次政变的前因后果进行了一些有利于他本人的修改，并瞒过了不少人。但是，还有那么一些人是不那么好骗的，比如宋代大历史学家司马光，这位《资治通鉴》的编纂者，在《资治通鉴》中写下了这么一番话：“鄕使高祖有文王之明，隐太子有太伯之贤，太宗有子臧之节，则乱何自而生矣！既不能然，太宗始欲俟其先发，然后应之，如此，则事非获已，犹为愈也。既而为群下所迫，遂至蹀血禁门，推刃同气，贻讥千古，惜哉！”这段话中的高祖就是李渊，隐太子就是李建成，太宗就是李世民，太伯又称泰伯，其父亲是西周部落首领古公亶父，太伯兄弟三人，他排行老大，还有两个弟弟仲雍和季历。当年知道父亲想要传位于三弟季历，太伯便离家出走，迁居江东，史称贤者。子臧之节，指子臧让国，成全别人。这段话实际上将李渊、李世民、李建成父子三人一网打尽了，但主要还是指责李世民，换句话说，在司马光的眼中，李世民可谓用不正当的方法窃取了皇帝宝座。

可能正是因为意识到自己得国不正，所以，当上皇帝之后，李世民才一直忧心忡忡，须臾不敢放纵自己。有意思的是，与他同时代的某些人正是看透了他的这种独特心理，所以才干出了一些让他哑巴吃黄连——有苦说不出的事情来。比如，那位以敢说话著称的魏徵，之所以总是敢捋李世民的虎须，摸老虎的屁股，很重要的一个原因就是他知道李世民曾经做贼因而心虚的心理。事实上也的确如此，尽管魏徵一再给李世民难堪，李世民却一忍再忍，直到魏徵去世之后，才通过派人毁掉魏徵墓碑的方式出了这口恶气。

回过头来看，王鲁之所以在看了告发别人的状子之后吓得大惊失色，说出那八字名言“汝虽打草，吾已惊蛇”，很重要的一个原因也是他做了见不得光的坏事之后产生的做贼心虚心理。

看来，只有“为人不做亏心事”，才能“半夜三更不怕鬼敲门”啊！做坏事就像是吸食毒品，可能有一时的“快感”，但都是违法的，且“快感”

过后可能会有极强的“后遗症”。所以，为了自己的心理不产生阴影，还是应该远离做坏事的阵营，至于自己就更不应做坏事了。

（三）好的制度设计有助于更好地进行社会治理，有助于富国强兵

后周显德七年（公元960年），后周诸将发动“陈桥兵变”，拥立赵匡胤为帝，建立宋朝，定都东京开封府（今河南开封）。一开始的时候，并没有多少人把这个由一群武夫建立的大宋当成一回事，甚至连赵匡胤本人也曾经对自己缺乏信心。时年正月，开封府流言纷纷，说：“出征的时候，要立点检做皇帝。”有的富人举家逃跑，但唯独宫中不知道这件事。赵匡胤很害怕，因为流言中所说的那个“点检”就是他，当时他正担任殿前都点检。因为胆战心惊，赵匡胤就跑回家偷偷跟家里人商量：“这可怎么办？”他的姐姐正在厨房，听到赵匡胤这番话之后勃然大怒，举起擀面杖追着赵匡胤边打边骂：“大丈夫遇事不能自己做主，跑回家吓唬女人算什么本事？”这是记载在《宋人轶事汇编》这部比较严谨的历史书中的一段故事。

宋代之所以没有成为“五代十国”之后的“第六代”，没有成为短命的小朝廷，在于它有一套很好的制度设计。许多我们今天都耳熟能详的故事，其实都可以换一个角度从“制度设计”的角度加以考量，比如“杯酒释兵权”。

这个故事粗看起来，无非就是身为天子的赵匡胤与一帮过去的老哥们儿斗心眼，借酒盖脸，说了一番敲山震虎的话：“我非尔曹不及此，然吾为天子，殊不若为节度使之乐，吾终夕未尝安枕而卧。”“人孰不欲富贵，一旦有以黄袍加汝之身，虽欲不为，其可得乎。”结果把一帮将领吓得大惊失

色，乖乖地拱手交出了军权。在此基础上，赵匡胤采纳时任宰相赵普“稍夺其权，制其钱谷，收其精兵”的建议，将精锐部队集中到首都组成禁军，而将老弱病残留在地方组成厢军。

有宋一代，之所以从来没有唐代后期那样的军头闹事，就是与这个制度设计有关。如果说，“杯酒释兵权”这件事过于宏大，也早为人所知的话，我们不妨给朋友们讲一个可能许多人不一定熟悉的故事，这个故事叫作“改革官帽”。官帽，顾名思义就是官员戴的帽子。

东晋成帝咸和九年（公元334年）时，晋成帝让在宫廷中做事的官员戴一种黑纱制成的帽子，叫“乌纱帽”。后来，南朝宋明帝时，有一位叫刘休仁的，创制了一种用黑纱抽边扎边的帽子，亦称作“乌纱帽”。这种帽子很快在民间流行起来，无论是官员还是百姓，无论贫富，都戴这种式样的帽子，只不过颜色不同而已。当时，帽子的形状也不固定，有的卷成荷叶形，有的像高高的屋宇。到了北宋时期，赵匡胤在上朝时发现等待皇帝接见的官员屡屡交头接耳，怎么也管不住，于是，他灵机一动，传旨属官，在幞头纱帽的后面分别加上长翅，长翅用铁片、竹篾做骨架，一顶帽子两边的铁翅各穿出一尺多（此后越来越长）。这种帽子除了朝堂和官场正式活动时须戴上，一般场合并不戴。因为戴上它，在街上行走极不方便。官员只能面对面交谈，要并排坐着交谈，就有些困难。自此以后，大臣上朝，也就很难排列在一起交头接耳，保证了朝堂的严肃性。北宋的相关制度设计还有很多，正是因为有了这些制度设计，所以才能够扫荡群雄，统一中国。

而一度显赫一时的南唐之所以没有成为其创建者想要成为的大唐盛世，很重要的一个原因也是它没有一个好的制度设计。就拿本章所涉及的这个故事来说吧，故事中的王鲁竟然能够看到当地百姓写给上级纪检监察部门的告状信，这在北宋是难以想象的。

除上述所说的制度之外，北宋帝国还创建了当时世界各国领先的司法官员当事人回避制度，以避免有可能产生的腐败。邓小平曾经说过：“制度好可以使坏人无法任意横行，制度不好可以使好人无法充分做好事，甚至会走向反面。”这话是非常有道理的。

有人说，每个人都是一个矛盾的统一体，每个人身上都既有神性又有魔性，用孟子他老人家的话说就是“纣之不善，不如是之甚也”，再十恶不赦的人身上也可能会有一些善的东西，再好的好人也难免会犯一些错误，“金无足赤，人无完人”说的就是这个道理。好的制度能够把人身上恶的一面关到笼子里，所以，是个好东西。

相关链接

《西游记》的开头隐含着什么。看过吴承恩《西游记》开头部分的朋友们不知道想过没有，为什么在“唐僧取经”这个神话故事之前竟然加上了一个唐太宗请尉迟敬德和秦叔宝晚上给自己站岗，否则就睡不着觉的故事？其实，这个故事背后隐含着唐太宗李世民因为“玄武门之变”杀了亲兄弟之后寝食难安的真相，这个真相再一次从另外一个角度印证了我们前面讲到的话，做贼者往往心虚。

第十五章

潜伏在成语“床头捉刀”背后与法有关的故事

第一节

说实话竟然导致两个鲜活的人死于非命

鲁迅先生曾经写过一篇文章叫《立论》，借用故事中老师之口讲了个故事，故事说，有一家人家生了一个男孩，合家高兴透顶了。满月的时候，抱出来给客人看，一个说：“这孩子将来要发财的。”他于是得到一番感谢。一个说：“这孩子将来要做官的。”他于是收获了几句恭维。一个说：“这孩子将来是要死的。”他于是得到一顿大家合力的痛打。许多人都以为这不过是鲁迅先生讲的一个故事，不必当真，说真话怎么会被打呢？

其实，说真话不仅有可能被打，甚至有可能被杀。古人云：“死生亦大矣。”岂不痛哉！在涉及生死这样的大事上，笔者断不会信口开河。

“床头捉刀”这个成语原本是指站在坐榻边的卫士，后来用作比喻替别人代笔作文的人，但大家却不一定知道，或者说不一定注意到这个成语背后隐藏的血淋淋的故事，有两个人就因为说了与这个成语中的那位“捉刀人”有关的实话，先后死于非命。

建安二十一年（公元216年）七月，曹操晋封魏王，匈奴派使者前来祝贺。这原本是一件很舒心的好事，但曹操却感到有点闹心，为什么？说出来您可能不相信，竟然是因为长相问题。原来，曹操自己觉得长得有点

“对不起观众”。

匈奴的使者又不能不见，自以为很聪明的曹操于是乎就想出了一个主意，玩了一手大反串，让手下一个名叫崔琰的大帅哥扮成自己，而自己则扮成侍卫，拿着刀站在座位的旁边。

接见完了，曹操派了一个心腹去问匈奴使者：“魏王这人怎么样？”这位匈奴使者没有什么心机，想都没想就回答说：“雅望非常。”——“气质高雅，不同寻常。”如果只是说了这四个字，估计没什么事儿，可谁知匈奴使者接着又说了两句话：“然床头捉刀人，此乃英雄也。”——“但是坐榻边上拿刀的那个人，那才是真正的英雄。”曹操听了心腹的转述之后，立刻命人把那位匈奴使者给杀了。

今天的许多朋友一般只知道“床头捉刀人”指的是代替别人干某件事情的人，顶多知道那位看出“捉刀人”不是凡人的人最后结局很惨，却不一定知道，那位坐在床头冒充魏王曹操，真名叫崔琰的人结局同样也很悲惨——就在建安二十一年，也就是受曹操之托冒充曹操坐在床头接见匈奴使者之后不久，崔琰也被曹操杀死，死因虽然被认为是在一封写给一个名叫杨训的人的信中说了几句真话，但从某种意义上说却也不难看出与这次“床头捉刀”不无关系。一个成语后面竟然藏着两条人命，“床头捉刀”可真是够血腥的了。

因为说实话竟然导致两条鲜活的人命离开了人世，这实在是缺少法治的中国古人的悲哀。

第二节

前车之覆，后车之鉴

那么，“床头捉刀”这个成语背后潜伏的与法有关的故事给予今天的我们哪些启示呢？

我想，这些启示至少有以下几点：

（一）言多必失，不该说的话尽量不说

记得以前看过一篇很有意思的半白话古文，叫作《快嘴李翠莲记》，说的是中国古代一个年轻女子李翠莲的不幸遭遇。李翠莲结婚仅仅四天就被婆家给休了，回到家里，日子也不好过，父母兄嫂觉得养这样一个女儿很不光彩，难免时常抱怨。李翠莲感到在娘家无法待下去，只好选择遁入空门。

李翠莲的不幸与她说了很多不该说的话有必然联系。她只是一个虚构的文学作品中的人物，但真实的历史中却不乏如此“快嘴”之人。

岳飞是大家都很熟悉的一位历史人物，和其他许多历史人物不同的是，他还是一个悲剧性的历史人物，是一个死于非命的历史人物。

岳飞为什么会死于非命？许多人肯定会不假思索地回答，是因为他坚决抗金。这个回答不能说不对，但仔细想来可能并不确切。我们都知道，在南宋初年有四位军事统帅抗金功绩最为突出，分别是岳飞、韩世忠、张俊、刘光世，史称“中兴四将”。但是除了岳飞，其他三人都寿终正寝。也许有的人还会说，岳飞之所以死于非命是因为秦桧的阴谋陷害，这话也不能说不对，要不然，后世的人们也不会把秦桧等四人铸成铁像，让他们长跪在岳飞的坟前，而且一跪就是千年。但这种说法可能也不是十分精准。明代著名学者文徵明写过一首词《满江红·拂拭残碑》：“拂拭残碑，敕飞字，依稀堪读。慨当初，倚飞何重，后来何酷。岂是功成身合死，可怜事去言难赎。最无辜，堪恨更堪悲，风波狱。岂不念，疆圻蹙；岂不念，徽钦辱，念徽钦既返，此身何属。千载休谈南渡错，当时自怕中原复。笑区区、一桧亦何能，逢其欲。”这首词翻译成现代汉语大意是这样的：拂拭去残碑上的尘土，当年石刻的宋高宗信任岳飞时的诏书还可依稀辨读，令人感慨万分的是，功高震主就身当该死，可惜事过境迁高宗依托岳飞的诏书难赎惨杀岳飞的罪恶。最令人感到可恨可悲而又极为无理的是，秦桧等人一手制造的杀害岳飞的风波亭冤狱。宋高宗啊！难道你就不想想疆土在逐日丧失，难道你就不顾及徽钦二帝被俘而去的奇耻大辱？然而徽宗钦宗真正返回之后，赵构的帝位又怎能稳固？千秋万代的人们啊，再不要说不该南渡偏安一隅，当时的赵构啊，自己就怕把中原收复。可笑的是区区一个秦桧又有多少能耐，只是他迎合了赵构的心意而已。

这首词写得很深刻，它指出了杀害岳飞的真凶不是秦桧而是宋高宗赵构。宋高宗为什么要杀岳飞呢？文徵明的看法是“念徽钦既返，此身何属”，就是如果把宋徽宗和宋钦宗这爷俩接回来了，身为宋徽宗之子、宋钦宗之弟的赵构怎么办？这不是给当今皇上添堵吗？问题又来了，是谁这么没有眼力见总是嚷嚷要把宋徽宗和宋钦宗这爷俩接回来的？当然是岳飞了！此公曾经多次昭告天下，要“直捣黄龙，迎回二圣，与诸君痛饮耳”！后世的很多人站在后世的立场上肯定都觉得这几句话说得太好了，甚至有人说，今天读来犹令人血脉偾张，当为之浮一大白。但是，在岳飞所生活的那个时代，这段话中的某一句实在是不应该说，至少是不应该由手握重兵、深孚众望的高级将领来说的，这句不该说的话就是“迎回二圣”。我们都知道，在封建社会，皇帝宝座的继承一般是“父死子继、兄终弟及”，而赵构登上九五之尊皇帝宝座的时候，可是父未死、兄未终的，换句话说，他这个皇帝有点来路不正。赵构本来就有些心虚，可身为大将的岳飞却老嚷嚷着要把当今皇帝的老爸和老兄都接回来，这真是触了赵构的逆鳞。

有人说，宋高宗是一个“承上”与“启下”两方面都有问题的皇帝，而岳飞不仅在“承上”的问题上说了不该说的话，而且在“启下”方面犯了同样的错误，这又是怎么一回事呢？话还得从一次并未成功的兵变说起。这次兵变发生在宋高宗建炎三年（公元 1129 年），是由宋高宗手下大将苗傅和刘正彦发动的，旨在诛杀宋高宗赵构宠幸的权臣及宦官以清君侧，并逼迫赵构将皇位禅让给三岁的皇太子赵旉。因为兵变的首领一个姓苗，一个姓刘，所以又称“苗刘兵变”。兵变一开始的时候动静闹得很大，曾经一度逼迫当时的皇帝宋高宗赵构宣布退位，把国家交给元祐孟太后和时年三岁的赵旉打理。虽然最终由于包括韩世忠等在内的一班忠臣前来勤王护驾，甚至还演绎出韩世忠的夫人梁红玉一夜奔驰数百里召韩世忠入卫平叛，因此被封为安国夫人和护国夫人等感人的故事，苗、刘二人也被千刀万剐。但是，这次兵变却给赵构留下了两块心病，或者叫两大难言之隐。这两大难言之隐一个关系到身为皇帝的赵构皇帝来路是否名正言顺，一个关系到身为男人的赵构“男人”这一属性是否名副其实。原来，就在兵变的过程中，苗、刘二人提出了一个很要命的问题：“上不当即大位，将来渊圣皇帝来归，不知何以处？”意思是说：“陛下的帝位来路不正，以后如果钦宗皇帝归来，将何以自处？”套用童话《皇帝的新装》套路，赵构本来就担心别人看出自己“没穿衣服”，但苗、刘二人偏偏要当众揭破他“赤身裸体”的事实。苗、刘虽然被杀，但他们说过的话可杀不死，不但杀不死，反倒换了一种表述方式被岳飞所沿用，这让身为皇帝的宋高宗如何受得了？

苗刘兵变留下的另外一个难言之隐是后继无人的问题。这次兵变后不久，那位三岁登基的小皇帝赵旉突然夭折，赵构一下子陷入了后继无人的恐惧之中。看到这里，可能有的朋友要问，死了一个儿子那就再生一个呗，至于恐惧吗？至于，非常至于！因为就在这次兵变之前的一个月，金兵突然出兵袭击扬州，并且攻陷了天长地区，这个时候其前锋距离扬州只有几十里。有一天深夜时分，宋高宗正和一个宫女在床上寻欢作乐，突然听到宫外“金兵渡江了”的呼喊声，立马慌慌张张地带着少量的随从骑马逃出城，一路飞快行进，行至瓜洲坐船渡江逃走。而就是这次突然而来的惊吓，使得宋高宗得了非常严重的阳痿，从此没有了生育能力。换句话说，此次兵变之前，原本是正常男人的赵构已经变成不正常的男人，这可绝对是身为男人最大的难言之隐啊！别的大臣对此都讳莫如深，但是，岳飞却公开上书给皇帝，让他早立太子，这不仅违背了封建时代，尤其是宋代武将不能干预皇帝接班人选择的“游戏规则”，而且也直接挑战了极为敏感的男人难言之隐的底线。当年当过岳飞部队随军转运使（相当于后勤部长）的薛弼，在很多年以后，和别人说起这事时，发了一通感慨，大意是说，岳飞作为大将，却越职到了这个地步，实在是自己找死啊。

了解了这些，我们回过头来再看一下文徵明的那首词，就能够体会出其中的丰富内涵了。这个内涵用一句话加以概括，那就是饭可以乱吃，话绝不可以乱说，不该说的话尤其不可以乱说。本章主人公之一的那位匈奴使者之所以死于非命，也是说了不该说的话，试想一下，倘若在回答曹操心腹之人的提问时，他只是说魏王如何如何，不去评论“床头捉刀人”如何如何，曹操也许就不会动杀心了。

曾经在网上看到过一段话，大意是说，我们每个人只用几年的时间就可以学会说话，却在用一辈子的时间学习如何在需要的时候闭嘴。由此可见，“闭嘴”也就是“不乱说话”有多难。但是，再难也要不断学习，因为这项本领不仅关系到每个人的荣辱，甚至有可能关系到生死。死生亦大矣，岂不痛哉！为了自己的幸福和亲人朋友们的平安，请不要乱说话，尤其不应该说那些不该说的话。

（二）就算是想要说话，也要注意说话的时间地点场合

有些话在此时此地可以说，但换个时间地点则不可以。看过《三国演义》的朋友想必都会对诸葛亮印象深刻。其实，在真实的历史中，至少在东吴是有两个人与诸葛亮齐名的，一个是周瑜，另外一个叫作张昭。就像诸葛亮是刘备的托孤重臣一样，周瑜和张昭也是孙权他哥孙策的托孤重臣，不仅刘备说过“若嗣子可辅，辅之；如其不才，君可自取”，孙策也同样对张昭说过“若仲谋不任事者，君便自取之”，这是记载在《三国志·卷五十二·吴书七·张顾诸葛步传第七》裴松之注引《吴历》中的。而且，孙策临死的时候还曾经让孙权“内事不决问张昭，外事不决问周瑜”。但是，令人大跌眼镜的是，张昭却并没有享受到像诸葛亮那样的大权在握的待遇。孙权称王后设立了“丞相”一职，许多人都以为就像蜀汉帝国的丞相非诸葛亮莫属一样，东吴帝国的第一任丞相肯定也非张昭莫属。结果呢，

张昭不但没当上第一任丞相，就连第二任丞相也与他擦肩而过，这是为什么呢？孙权表面上的解释是，丞相的职务事情多，而且烦琐，不宜让德高望重的张昭担任。（“方今多事，职统者责重，非所以优之也。”“孤岂为子布有爱乎？领丞相事烦，而此公性刚，所言不从，怨咎将兴，非所以益之也。”）但这并不是孙权的心里话，那么，孙权的真实想法是什么呢？或者说，是什么原因导致张昭没有受到孙权重用呢？这个原因说出来许多人可能不信，竟然是张昭不注意时间地点乱说话。有一次，张昭曾经就是否应该帮助远在辽东的公孙渊这件事与孙权展开了激烈的争吵，争吵的过程中张昭仍然像以往那样桀骜不驯，孙权一怒之下，说了一番话，大意是我对您够尊敬的了，您却数次在众人面前折辱我，难道您就不能在众人面前给我留点面子吗？！

这段话中的那句“数次在众人面前折辱我”，一语道破张昭未能获得孙权重用的天机。在孙权看来，“吴国的士人入宫就拜朕，出宫就拜您”这也就罢了，杜月笙不是说过吗，做人有三碗面最难吃：人面，场面，情面。张昭您连一碗“面”都不肯给我，经常不分时间地点场合地羞辱我，那我也只好不讲情面了。张昭的悲剧是如此，本章主人公之一的那位崔琰又何尝不是如此呢？在打败袁绍之后举办的庆功宴会上，曹操曾经自以为冀州在手，天下我有，非常志得意满，其他的人都赶紧对曹操大唱赞歌，唯有崔琰却不买账，当着大家伙的面给曹操上了一堂课，大意是让曹操多行仁义之事，不要向外人炫耀这些打打杀杀的功劳。崔琰的这番话说得对不对？当然对，要不然曹操也不会在当时立刻肃然动容，向崔琰表示歉意了。那么，这番话说得合适不合适？肯定不合适，要不当时在场的宾客也不会个个都大惊失色了——“于时宾客皆伏失色”。如果是仅此一次也就罢了，但崔琰却屡次三番地当着众人的面批评曹操。《三国志》的作者陈寿评价崔琰说他“高格最优，而不免其身”，三国时代另外一位大名人陈群认为崔琰“智不存身”，说得其实都是很有道理的。

中国有一句老话，叫作“当面教子，背后相夫”，意思是说在家庭关系处理方面可以当着别人的面教育甚至教训孩子，但却绝对不能当着别人的面教育甚至教训自己的老公。这句话的前半句今天是否还合适我们暂且不去讨论，至少后半句说得还是很有道理的。经常看到有些“野蛮女友”管起自己的男朋友或老公来就像管自己的儿子一样不顾时间地点场合，这种“豪爽”极有可能会埋下未来家庭破裂的种子。与一般人相交还“为人留一线，将来好相见”呢，何况是自己的亲人。尊敬其实是相互的，这一点真的希望大家能够想明白。

（三）仅凭个人好恶就随便杀人是没有法治的封建时代的悲哀

魏收是南北朝时期记载北朝拓跋魏的历史著作《魏书》的编撰者，在奉诏编纂《魏书》的时候他说过一段很有名的话：“何物小子，敢共魏收作色！举之则使上天，按之当使入地。”这话说得有点大，因为说这话的人也就是魏收自己最后都被皇帝给杀了，但却道出了一个真理，在包括但不限于魏收所生活的封建社会，有些人对于别人是具备“举之则使上天，按之当使入地”的生杀予夺权力的，这种全凭自己好恶治理国家的做法人们一般称之为“人治”。

有两种类型的文艺作品在中国曾经十分流行，这两类文艺作品一类是所谓的“清官戏”，一类是所谓的“武侠小说”等。它们之所以受中国老百姓的普遍欢迎，是和中国老百姓的相关梦想分不开的。这些梦想就是所谓的“清官梦”和“侠客梦”。中国老百姓为什么愿意做“清官梦”和“侠客梦”？因为在封建时代，人们只能生活在“人治”的环境中，碰上一个好的皇帝和碰上一个清官都是小概率事件。既然在现实生活中难以碰上一个好的执政者，那只好退而求其次，通过看“清官戏”或“武侠小说”等来进行自我麻醉，这是时代的局限，也是那个时代中国老百姓的结构性悲哀。

回望本章的主人公，无论是匈奴使者，还是崔琰，他们都没有什么必死的大错，错就错在他们生错了时代。说起来他们还都是有身份有地位的人，但在强权者主导的“人治”环境中却仍然难逃一死，更何况那些没有身份和地位的一般老百姓？古人曾经慨叹说“宁为太平犬，不做乱世人”，套用这句话，我们不妨说“宁可做法治社会的普通一兵，也绝不做人治社会的王公贵族”。

现在，网上经常有人说愿意穿越到古代，这如果不是开玩笑的话，估计就是对古代缺乏真正的了解，没有法治做保障的古代实在是没有什么令人羡慕的。

第十六章

潜伏在成语“尺布斗粟”背后与法有关的故事

第一节

是可忍孰不可忍

“尺布斗粟”源于一首汉代民歌，后来经常被用来比喻兄弟失和。这个看似平常的成语背后其实隐含着一个又一个血淋淋的故事，牵涉到一条条鲜活的生命。

西汉文帝前元三年（公元前 177 年），都城长安发生了一桩凶杀案。被杀的和杀人的都不是普通人，用一位非著名小品演员的著名台词加以表述，都是“有身份证的人”。被杀的人名叫审食其，当过西汉帝国的典客，被封为辟阳侯。比这更厉害的是，此人与吕后在颠沛流离的逃难生活中结下了非同寻常的“情谊”，说得再直白一点吧，此人乃是赫赫有名的吕后的情人，甚至还担任过左丞相和太傅等官职，曾经一度随便跺一脚整个朝廷都得哆嗦；而杀他的人身份同样显赫，此人姓刘名长，乃是刘邦最小的儿子，也是与时任皇帝汉文帝一样有幸逃过吕后毒手的非吕后亲生的刘邦诸子之一。我们都知道，吕后其人对于非自己所生的刘邦诸子一律必欲杀之而后快，刘长为什么能够幸免于难呢？

这和刘邦的两次决定有关，这两次决定，一次是杀一个女人，一次是托一个女人。

被杀的女人名叫赵姬，与秦始皇的生母同名。此女原本是刘邦的女婿赵王张敖的美人，论起辈分来比刘邦小一辈，但那个时代人们对于这些事情不是很讲究，所以，当老丈人刘邦路过自己的封国时，身为女婿的张敖就把自己的小妾送给了老丈人侍寝。这可不是八卦，而是被司马迁他老人家写进《史记》里的。刘邦倒是没有什么心理负担，对于女婿送来的女人自然笑纳，孰料春风一度竟然珠胎暗结。共度春宵之后，刘邦也没有把这个赵姬带在身边，仍然把她留在了张敖的家里。好巧不巧的是，一年以后，张敖的手下居然想要谋反，阴谋暴露后张敖全家都要被开刀问斩。这个时候，已经怀胎十月马上就要分娩的赵姬不想一尸两命，就托人向吕后求情，说自己怀上了刘邦的孩子，请求饶自己一命。托的这个人不是别人，正是吕后身边的红人兼情人审食其。当时红得透顶的审食其并没有把这个恳求当成一回事，再加上吕后本来就不愿意刘邦处处留情，所以，赵姬的这个请求并没有得到回应。生下刘邦的亲骨肉之后，赵姬自杀身亡。有人把这个情况报告给刘邦，刘邦见到自己刚刚出生的儿子追悔莫及，于是又做出了一个决定，托一个女人收养这个孩子，所托的女人不是别人，正是大名鼎鼎的吕后，正是这一个决定使得这个刚一出生就痛失亲生母亲的婴儿刘长在后来的吕后屠杀刘邦诸子时得以保全性命。

刘邦做了两个决定，同样，吕后也做了两个决定，一个是不救刘长之母，一个是救助并抚养小刘长。这两个决定虽然前一个帮助她除掉了潜在的竞争对手赵姬，但是，后一个却养虎遗患，至少导致了吕后最心爱的情人审食其被杀。事实上也的确如此。刘长长大成人后，知道自己的亲生母亲死于审食其的见死不救，便杀死了审食其，为自己的母亲报仇，于是才有了我们前面提到的那一幕。如果是一般的人，光天化日之下公开杀人，肯定难逃一死，但刘长却什么事也没有。

汉文帝为什么不杀刘长呢？这里面的原因很复杂，涉及汉文帝个人的性格和当时复杂的政治环境。原来，在诛灭吕氏一党之后，刘邦的儿子活着的有两个，一个是刘恒，一个就是刘长。从理论上说，刘恒和刘长都有资格当皇帝，之所以选刘恒不选刘长，是因为陈平等人认为刘长被吕后收养过，恨屋及乌，认为刘恒比刘长更好掌控。而刘长本人也知道这一点，所以就来了个破罐子破摔，什么都不在乎。刘恒因此就有些心虚，所以，对于老弟的不法行为也就采取了睁一只眼闭一只眼的态度。当然，也有学者认为，刘恒此举颇有些郑庄公纵容共叔段的阴谋意味。在相当长的一段时间里，刘长一直是我行我素，胡作非为，最后竟然想要里通外国，勾结匈奴和闽越试图夺取西汉帝国的天下，这可真是“是可忍孰不可忍”了，就算是一个泥人，也还有几分土性呢！于是，汉文帝命人逮捕了刘长，但是并没有杀他，而是将他流放到偏远的蜀地，一路用辎车囚载，令沿途各县递解入蜀。沿途各县送押刘长的人都不敢打开囚车的封门，所以，刘长等于坐了一辆闷罐车，像猪一样从长安被拉到蜀地。因不堪忍受如此屈辱，刘长绝食而死。消息传到长安，刘恒流下了眼泪，竟然下令将刘长沿途经过的那些不敢打开囚车劝刘长吃东西的县令们全部处死，又一批鲜活的生命因为他们兄弟斗气而殒落。这件事传到民间，一时之间众说纷纭。几年以后，一首民歌开始流传，这首民歌唱道：“一尺布，尚可缝；一斗粟，尚可舂。兄弟二人不能相容。”虽然汉文帝觉得自己没有做错什么，但老百姓可不管这些。俗话说，“防民之口，甚于防川”，一来二去，“一尺布，尚可缝；一斗粟，尚可舂。兄弟二人不能相容”就被简化成一个四个字的成语“尺布斗粟”，用来形容兄弟失和。这就是“尺布斗粟”这个成语的来历。

第二节

“尺布斗粟”教会了我们什么

“尺布斗粟”这个成语给予今天的我们很多启示，这些启示至少有以下几点：

（一）多种善因，才能少结恶果

根据普遍联系的辩证观点，世界上的许多事物往往都有着内在的联系。这种联系佛家称为因果，所谓种什么因，受什么果，善有善报，恶有恶报说的就是这个意思。《左传》记载了这样一件事，说的是公元前594年7月，秦桓公出兵伐晋，晋军和秦兵在晋国一个叫作辅氏（今陕西大荔县）的地方交战。晋国的统兵大将叫作魏颗，秦国的统兵大将叫作杜回，这两个人用武侠小说里面的话说，都有万夫不当之勇，而且杜回的本事可能比魏颗还要大一些。所以，包括魏颗自己在内，几乎所有人都不看好魏颗，但令人大跌眼镜的是，最后竟然是魏颗获胜，杜回被俘。杜回为什么被活捉？是因为有一个老人突然出手，在两个人斗得难分难解之际，这个老人布袍芒履，将青草一路挽结，以襻杜回之足，用草编的绳子把杜回套住，使得这位秦国大力士站立不稳，摔倒在地，当场被魏颗所俘，秦国军队也因此大败亏输。这场战斗不仅杜回输得莫名其妙，就是魏颗自己一开始也不明所以。就在这天晚上，魏颗做了一个梦，梦见白天帮他的那位老者前来相见，魏颗连忙上前表达谢意，并且问那位老者为什么要帮自己。那位老者回答说：“我这是报答您不用先人之乱命，善待我女儿的恩情啊。”这是怎么一回事呢？

原来，魏颗他爹魏武子有一个爱妾，魏武子曾经多次对儿子魏颗说等自己去世之后找一个好一点的人家把这个女人嫁了，但在生了重病神志不清之际，却要魏颗杀了这个女人给自己殉葬。魏武子死了之后，魏颗不顾家人的反对，没有听从父亲的临终乱命把那个女子殉葬，而是找了一个好人家把那个女子嫁了。这个女子就是帮助魏颗活捉杜回的那个老者的女儿。这是实实在在记载在很严肃的历史著作《左传·宣公十五年》中“结草亢杜回”的故事，也是成语“结草衔环”中“结草”的典故。

这个故事多少带点神话色彩，但它却形象地说明了什么叫作善有善报。而发生在北宋时期的一桩所谓“狸猫换太子”的故事，戏说与真实的历史大反转更是形象地说明了什么叫作善有善报，恶有恶报。故事中的刘太后因为自己生不出儿子，就通过“狸猫换太子”的方式把李宸妃生的儿子据为己有，后来事迹败露，已经做了太后的刘氏自尽而死——上述说法记载在古典名著《三侠五义》中，属于戏说历史。真实的历史是，刘太后生前权重一时，死后备享殊荣，一代名臣、著名历史学家司马光称她“保护圣躬，纲纪四方，进贤退奸，镇抚中外，于赵氏实有大功”，著名学者胡适先生称她“是宋史上一个很有才干的妇人”。而且刘太后死后也一直受到继任皇帝的尊敬，甚至还获得四个字的崇高谥号“章献明肃”——这至少在宋代是非常高的荣誉，因为宋代的皇后一般只有两个字的谥号。

真实历史中的刘太后仁慈善良，顾全大局，颇能善待宋仁宗的生母李氏，不但把她由侍女晋升为宸妃，而且在其死后还按皇后规格予以厚葬。刘太后去世之后，李宸妃的儿子宋仁宗曾经受人挑拨，以为刘太后曾经虐待甚至毒害了自己亲生母亲，于是，派人前往李宸妃的安葬地开棺查看，见李宸妃身上全是皇后冠服，棺中贮水银，面容如生，这才感叹道："别人说的话，不可尽信啊！"随后，这位仁宗皇帝在刘太后灵柩前焚香祭拜，哭着说："自今以后，大娘娘一生清白了。"（仁宗称刘娥为大娘娘，杨淑妃为小娘娘。）

人活在世多行善事真的很重要，试想一下，倘若本章主人公之一的审食其在当年有能力帮助别人的时候能够行善事，可能就不会死于非命了。

可惜的是，多行好事谁都知道，但却不一定每个人都能够做到。宋代大文豪陆游曾经写过一副对联，上联是"书到用时方恨少"，下联是"事非经过不知难"，套用陆游老先生的话说，真是善到用时方恨少，事非经过不知难啊。

（二）一个有理智的人应该不贰过、不迁怒

公元前481年，孔子最喜欢的弟子颜回不幸去世，终年只有二十九岁。孔子非常悲痛，当时的鲁国国君鲁哀公问孔子，他的哪一个弟子最优秀，孔子想都没想就回答说："颜回。""为什么？"鲁哀公不解地问。孔子回答说，颜回具有一种常人所不具备的品质："不迁怒，不贰过"。小的时候读《论语》，觉得孔子心目中"好弟子"的标准未免太低。但是，随着年

岁渐长，才觉得实在是误会了孔子，高看了自己，可能也高看了世人。“不迁怒，不贰过”，可以说是一个人难以企及的修养。人们总说吃一堑，长一智，可是被同一块石头绊倒两次的人少吗？看似是很简单很容易做到的事，可是仔细想一想，我们真的人人能做到吗？

不妨跟读者朋友们分享两个故事。第一个故事与曹操和一位姓陈的大谋士陈宫有关。陈宫其人，许多人可能不是很熟悉，其实，这个人与曹操大有渊源，早期是一个坚定的“挺曹派”。用今天的话说，陈宫乃是早期曹操的“铁粉”，甚至可以说是曹操的“钢粉”，为什么这么说呢？因为在曹操由“地市级”官员——东郡太守向“省部级”官员——兖州牧迈进的过程中，陈宫发挥了独一无二的作用。公元192年，兖州牧刘岱被青州黄巾军击杀，在陈宫的谋划下，曹操被推举为兖州牧。就是这样一位曹操的“钢粉”，却在将曹操送上“省部级”官员宝座之后的两年（公元194年）断然离曹操而去，转而投奔各方面条件都不如曹操的吕布，甚而后来宁可一死，也绝不接受曹操的劝降。同样是那个陈宫，为什么一下子由坚定的“挺曹派”变成了耻与曹操为伍的“反曹派”了呢？话还得从一个小人物的谋财害命说起。公元194年，曹操的父亲曹嵩为躲避董卓之乱，来到徐州避难。曹嵩其人多年为官，以权谋私，可谓富甲一方。《后汉书·宦者列传》说他“灵帝时货赂中官及输西园钱一亿万，故位至太尉”，光买官就能够一下子拿出“一亿万”，曹嵩该有多有钱那就不用我多说了吧。要说钱这东西也好也不好，如果有足够的能力确保不被别人拿走的时候，钱还是“韩信将兵，多多益善”的，但倘若你有很多钱却缺乏自我保护的能力，那你可能就危险了。所谓“匹夫无罪，怀璧其罪”说的就是这个意思。但是当事者往往不如旁观者，腰缠万贯的曹嵩可能没有想过这一点，否则他就不会在没有可信的武装人员保护的情况下携带万贯家财从徐州出发，前往大儿子曹操的驻地了。就在这次旅途中，曹嵩被陶谦手下的一个名叫张闿的小人物杀死。张闿其人，据《三国志·魏书·武帝纪》裴注，只不过是陶谦手下的一个都尉，而且杀曹嵩，完全属于张闿本人见钱起意，与徐州牧陶谦和徐州老百姓都没有什么关系。但是，曹操却不这么看，接到手下人的报告之后，曹操怒火中烧，“凡杀男女数十万人，鸡犬无余，泗水为之不流”，史称“徐州大屠杀”。就在这次大屠杀之后，陈宫毅然决然地离曹操而去，离开的原因很简单，就是因为曹操其人既“贰过”——先是在逃亡途中误杀了吕伯奢一家人，然后变本加厉杀了徐州几十万人，又“迁怒”——因为张闿一个人的错误杀了几十万人。失去了陈宫的曹操差一点就毁在吕布手里，这一点无论是《三国志》还是《三国演义》都有明确的记载。

有意思的是，同样还是这个曹操，因为不迁怒，竟然能够使得原本骂他最恶毒的一个著名大人物为他所用。这就涉及另外一个故事了。故事中的这个著名大人物姓陈名琳，建安五年（公元200年），官渡之战爆发，陈琳提笔替袁绍写下了一篇文章，题目叫《为袁绍檄豫州文》。当时曹操正苦于头风病痛，卧床不起，卧读这篇檄文，见到陈琳处处揭露他的阴谋，败坏他的声誉，甚至辱及他的祖先，又气又急，可谓恨陈琳入骨。说来也巧，官渡之战后，陈琳被俘，当时的情况下，只要曹操一声令下，陈琳肯定性命难保。但听了陈琳“矢在弦上，不得不发”的解释后曹操不但没有杀他，反倒将其倚为心腹，让他担任司空军谋祭酒，管记室。陈琳也不负重托，尽心竭力地为曹操谋划军国大事。

发生在曹操身上的正反两方面的经验和教训告诉我们一个道理，如果想要干一番大事，就一定要学会控制好自己的情绪。试想一下，倘若本章的主人公之一的刘长在还是诸侯王的时候能够依朝廷法令行事，出入宫中不搞特殊化，不称自己发布的命令为“制”，也就是不贰过，不屡屡犯同样的错误，可能就不会死于非命了。同样，汉文帝刘恒倘若在弟弟刘长去世之后不借题发挥，诛杀那些仅仅是因为怕触犯皇家禁忌而不敢随便打开囚车车门的县令，也就是不迁怒于人的话，那也不会遭到后世历史学家的批评了。

清代著名政治家林则徐年轻的时候脾气非常急躁，极容易发火，几次险些坏了大事。为了避免犯同样的错误，他专门请人写了两个大字挂在墙上，这两个大字是“制怒”。林则徐后来之所以能够有大成就，最终成为流芳百世的民族英雄，原因当然有很多，其中很重要的一点应该是他能够“不贰过，不迁怒”。

（三）法制建设必须抓早抓小，防微杜渐

法制建设和医生给人治病一样，不打针、不用药就能治好病那当然好，但古往今来的事实证明这种想法只是一个美好的愿望。既然“理想很丰满，现实很骨感”，那么，我们就必须直面现实，当必须打针用药才能够治好病的情况下，就存在着什么时候“打针”，什么时候“用药”的问题。关于这个问题，从理论上说，至少有几种选择：一种是等到病人小病变成大病，甚至病入膏肓的时候再给病人打针用药；另一种是在病人的病很小很轻甚至尚未露出端倪的时候就给病人打针用药。负责任的医生或统治者一般都会选取第二种方式。但是，也不能排除有些医生或统治者就是喜欢第一种方式，因为这可以帮助他们达到不可告人的目的。

《左传》中有一篇文章叫作《郑伯克段于鄢》，说的是春秋时期郑国国

君郑庄公与他的亲弟弟共叔段的故事。郑庄公是郑武公的儿子，因为出生的时候是难产，其母武姜受了波折，所以虽然后来郑武公很喜欢这个儿子，并且把国君的位置交给了他，但是武姜就是讨厌郑庄公，反倒喜欢郑庄公的弟弟共叔段。而共叔段呢，因为有武姜撑腰，一点也不把郑庄公放在眼里。面对生母和亲弟弟的进逼，郑庄公采取的策略是听之任之，武姜想要他分封一块很大的土地给共叔段，他同意；共叔段挖他的墙角，教唆原本属于郑国属地的西北部地区反叛朝廷，他听之任之；共叔段想要把更大一块地方据为己有，他仍然不采取任何行动。这中间也不是没有人提醒过郑庄公，比如大夫祭仲和公子吕就都曾经先后向他发出过警示，但他仍然坐视不理，任由共叔段胡作非为。直到共叔段与武姜合谋，想要阴谋返回京城，篡夺国君宝座的时候，他才雷霆一击，逼迫亲弟弟逃往外国，并且对亲生母亲下手，将她囚禁在城颍，甚至发誓说："不到黄泉，不再见面！"虽然后来在一个名叫颍考叔的人的劝说下，郑庄公和武姜重归于好，而且还留下了"其乐也融融"的佳话和"其乐融融"这个成语。但是，严肃的历史学家们对于郑庄公屡屡放任共叔段胡作非为，最终下死手惩治的做法却不以为然。《春秋时期盟誓研究》的作者批评郑庄公，其中一个理由就是郑庄公明知共叔段图谋叛乱，却故意纵容他，让他的罪行发展下去，等他举兵谋叛时，再一举将他铲除，这充分反映了郑庄公的阴险狡诈。也许郑庄公也有自己的苦衷，但是，从法制建设的角度加以考量的话，他的有些举动确实不值得效法，如果都像他这样治理国家，估计会增加很多不必要的社会成本。

本章主人公之一的汉文帝刘恒之所以受到百姓的批评，很重要的一个原因可能也在于他对于自己的弟弟的不法行为没有抓早抓小，结果不仅害死了弟弟，还殃及池鱼，害了那么多无辜的人，自己也因为这件事而被史学家们所诟病。严是爱，宽是害，真的很有道理啊！

当然了，也有人说汉文帝刘恒之所以没有对自己的亲兄弟“抓早抓小”，是因为他怀有与春秋时期的那位郑庄公同样的目的，都是想“引蛇出洞”，把猪养肥了再杀。这种说法是不是有“阴谋论”之嫌历史学家没有定论，但没有“抓早抓小”带来无穷后患却是肯定的。

第十七章

潜伏在成语“感戴二天”背后与法有关的故事

第一节

我准备好的一百顶高帽现在可只剩下九十九顶了

“感戴二天”这个成语源自一次并不成功的拍马屁。虽然我们每一个人表面上似乎都非常讨厌拍马屁的行为，但不可否认的是，溜须拍马的行为好像从来都没有断绝过。尹继善是清朝雍正元年的进士，曾经先后担任过云南、川陕、两江总督，文华殿大学士兼翰林院掌院学士。此公对外宣称，平生最讨厌别人拍他的马屁，但他的学生袁枚却偏偏不信这个邪。有一次，袁枚受命即将出京到外地担任地方官，前往尹继善的府上辞行。见到自己的得意门生即将出京独当一面，尹继善很是关心，就问他有些什么准备。袁枚回答，什么也没准备，就是准备了一百顶高帽子送给那些喜欢听好话的人。尹继善听了非常不高兴，说，你年纪轻轻怎么能搞这一套？袁枚说，没办法啊，现在社会上人人都喜欢戴高帽，像老师您这样不喜欢戴高帽子的人真是凤毛麟角啊！出乎许多人意料的是，尹继善对于袁枚这种明显的拍马屁行为却似乎很是受用，难怪袁枚出门之后，对等候在外面的同学说，谁说老师不喜欢戴高帽，我准备好的一百顶高帽现在可只剩下九十九顶了。尹继善与袁枚之间的这段故事形象地说明了马屁无处不在、无时不有。

当然，拍马屁也是一门艺术，春秋时代著名思想家韩非子为此曾经专门写过一篇文章，题目叫作《说难》，指出，马屁拍得不好，后果可能很严重。这可不是危言耸听。

明太祖洪武年间，河南尉氏县主管教育的教谕许元以及浙江杭州府学教授徐一就先后都因为拍马屁没有拍到点子上而丢了性命。前者在给朱元璋写的《万寿贺表》中有“体乾法坤，藻饰太平”，“法坤”音同“发髡”，即剃发之刑，“藻饰太平”音近“早失太平”；后者因为在给朱元璋写的《万寿贺表》中有“光天之下，天生圣人，为世作则”，被怀疑是讽刺朱元璋早年曾经剃头当过和尚，登基之前当过起义军也就是通常所说的“贼”。

像许元和徐一这样的情况并非绝无仅有，本章主人公之一苏章就是其中一例。据《后汉书》记载，东汉顺帝时苏章被朝廷任命为冀州刺史。我们都知道，刺史是汉代监察检举地方官吏的官员，权力很大。到了任上之后，苏章很快接到举报，说是他手下的清河太守贪赃枉法。这个举报等于给苏章出了一个难题。原来，这位清河太守是苏章的老朋友，依法查办吧，有旧日的情分在，不依法查办吧，又有渎职之嫌。与苏章相比，他的那位老朋友可没有像他这么纠结。在这位清河太守看来，所谓王法那都是针对陌生人或老百姓的，对于一个既是熟人，又属于领导干部的一郡太守来说，王法只不过是一个摆设而已，实在不行，还可以拿钱摆平啊。事实上，这位清河太守也确实是这么做的，借着给老朋友接风洗尘的机会，他给苏章送上了一笔厚礼，而且还恬不知耻地对苏章说：“人皆有一天，我独有二天。”意思是，什么贪赃枉法，那都不是事儿，因为我有老大你罩着呢，别人只有一个天，但我却有两个，老大你就是我的第二个天啊！这就是成语“感戴二天”的来历。

故事说到这里，似乎就应该结束了，按照封建时代“官官相护”的潜规则，苏章应该愉快地接受老朋友的礼物，心安理得地接受他的吹捧。但是，现实生活往往比好莱坞电影更精彩。苏章听了老朋友的这番话之后，并没有按照“官官相护”的牌理出牌，而是义正词严地对老朋友说：“你不要心存幻想，今天前来与你见面，是为着咱们过去结下的私人情谊；但明天我还将依法处理你的案子，这是遵照国家的法令。”第二天，端坐在刺史位置上的苏章果然铁面无私，在查明事实真相的基础上依法将这位贪赃枉法、罪大恶极的昔日好友明正典刑。

第二节

"感戴二天"这个成语留给我们的启示

"感戴二天"这个成语留给我们的印象是很深刻的，那么，它能够给予今天的我们哪些启示呢？

（一）合格的执法者必须公私分明

"公"与"私"是一对矛盾统一体。《韩非子·五蠹》中说"背厶谓之公"，按照这种解释，似乎做到大公无私是一件很容易的事。其实，"背厶"很难，要不然也不会有那么多人犯错误了。熟悉明朝历史的朋友估计没有谁不知道武宗皇帝朱厚照的，此人一生行为有悖于常人。虽然当下有许多人出于各种原因想要为他翻案，但至少在相当长的一段时间里，他是一直作为反面典型存在的。清朝时，皇子们如读书不认真，师傅往往会训斥说"你想学朱厚照吗？！"由此可见此公的名声实在不怎么样。登基之初，朱厚照非常宠爱大宦官刘瑾与马永成、高凤、罗祥、魏彬、丘聚、谷大用、张永八人，人称"八虎"，这八个人每天向皇上进献鹰犬、歌舞、摔跤等游戏，引导皇上微服出行，把朝政搞得乌烟瘴气。已经习惯了太监们伏低做小的朝廷大臣们对此非常恼火，大学士谢迁、刘健等人为此策划了一次专门针对刘瑾等人的铲除奸佞的“打虎”行动。这样一个无论怎么看都大得人心的行动最终却以失败而告终，许多人都感到百思不得其解，为什么？难道是诛杀刘瑾等人没有广泛的群众基础吗？当然不是，内阁之中三个首辅其实都对刘瑾等人没有任何好感，六部长官中户部尚书、刑部尚书等也都是坚定的反刘派，至于一般读书人心目中实际上早就把刘瑾看成是第二个祸国殃民的王振了，司礼监大太监王岳和范亨、徐智等人也都对刘瑾恨之入骨，必欲除之而后快，甚至连武宗皇帝朱厚照一开始的时候也一度想要答应惩治“八虎”，那为什么为山九仞，功亏一篑呢？原因说起来非常简单，就是刘瑾等人熟悉并且成功地利用了朱厚照非常看重私情的性格，仗着自己从东宫时代就鞍前马后地服侍朱厚照的这段经历，跑到朱厚照的寝宫前面长跪不起、叩头不止，终于激活了朱厚照的私情，唆使朱厚照因私废公，不但拒绝了大臣们处死刘瑾等“八虎”的正当请求，还公然任命刘瑾掌司礼监，马永成掌东厂，谷大用掌西厂，并连夜收捕反对刘瑾等的太监王岳和范亨、徐智，把他们发配到南京充军，同时又派人追杀王岳、范亨于途中，将徐智手臂打断。至于那些想要杀刘瑾等人的大臣们，朱厚照也不假以辞色，把刘健、谢迁赶走。这一幕“剧情大逆转”拉开了正德年间黑暗政治的序幕，也给后人评价他留下了想象的空间。

与朱厚照形成鲜明对照的是诸葛亮。看过《三国演义》的朋友想必都熟悉“挥泪斩马谡”的故事。这个故事就是人们通常所说的“六出祁山”中的第一次。这次北伐，诸葛亮下了很大气力，但最终还是为山九仞，功亏一篑。功亏一篑的原因就是马谡大意失街亭。由于大意失街亭，诸葛亮一出祁山、北定中原的梦想破灭，心里肯定特别不是滋味，因为刘备生前曾经不止一次地对他说过“马谡言过其实，不可大用”。而当时的蜀汉帝国实际上至少存在着扶风派、荆州派、东州派和益州派等不同派系，他任用马谡并没有得到所有人的认同。现在，这个并没有获得绝大多数人认同的人居然捅了这么大的篓子，不给个说法肯定是不行的，用今天的话说，那就是不杀不足以平民愤。但是，这只是从道理上讲，如果真的让诸葛亮下令处死马谡，他还真的有点下不了手。因为，诸葛亮与马谡的哥哥马良乃是相当好的朋友，诸葛亮本人对马谡也曾经非常欣赏，不仅任命马谡担任参军，而且还时常与马谡一起谈论军事谋略，从白天直到黑夜。诸葛亮待马谡如同自己的子侄，考虑到诸葛亮前半生一直没有自己的亲生儿子，唯一的儿子诸葛瞻是诸葛亮四十六岁那年才出生的，所以，在当时的诸葛亮心目中，马谡的地位肯定相当于后来的诸葛瞻，让他对相当于自己儿子的人下手，这种难度那可不是一般的大。但是，诸葛亮毕竟不是一般的人，在公私难以兼顾的情况下，他毅然舍弃私情，斩马谡以平息众怒，稳定了已经不稳的军心。

诸葛亮之所以能够为人们所敬仰，原因当然很多，但其中很重要的一点是他能够妥善地处理好“公”与“私”之间的关系。回望本章的主人公苏章，他之所以受到人们的尊崇，很重要的一点就是他能够像诸葛亮那样，既赴宴以示不忘旧情，又坚持原则守住自己的底线。

“公”与“私”之间的关系一直是一个很多人都感兴趣的论题，因为这个论题既关乎理论，更关乎实践。从古到今，关于这个论题曾经有过很多答案，如果在这些答案中选一种的话，笔者还是比较认同苏章的做法。

（二）为非作歹者不应心存侥幸

陈毅元帅曾经说过“莫伸手，伸手必被抓”。“善有善报，恶有恶报”

乃是一个颠扑不破的真理，确切一点说，这句话还应该再加上两句，那就是“不是不报，时候未到”。就拿秦桧来说吧，他用“莫须有”的罪名害岳飞的时候，肯定肆无忌惮，至少是心存侥幸，因为他知道，真想害死岳飞的不是他，或者至少不仅仅是他，还有一个人可能比秦桧更想要岳飞死，这个人我们在前面的章节中已经提到，就是时任南宋帝国皇帝的宋高宗赵构，用明朝著名诗人文徵明的话说就是“笑区区、一桧亦何能，逢其欲”。所以，在面对曾经统兵数十万，令金国军队闻风丧胆的大将军韩世忠的责问时，他能够脸不变色心不跳，自以为人莫予毒，谁都奈何不了他。但人算不如天算。秦桧是宋高宗绍兴二十五年（公元1155年）去世的，就在他去世五十一年后，时任南宋皇帝宋宁宗亲自下诏追夺秦桧王爵，改谥“谬丑”。而秦桧本人可能做梦也没有想到，会被人铸成铁像跪在岳飞墓前，而且一跪千年。秦桧的遭遇，让人不由想起那句有名的话“正义虽然有可能会迟到，却永远不会缺席”。之所以说为非作歹者不要心存侥幸，概括起来说，我认为可能主要有以下几点原因：一是为非作歹者可能骗得过一时，但不一定能够骗得了一世，当下没有受到报应，并不一定意味着你永远不受到报应；二是为非作歹者可能骗得过一部分人，但不一定能够骗得了所有人；三是就算所有人都被你骗过去了，但你自己可能心里承受不了。如若不信，来看一个吕后的故事。谈到吕后，估计很多人都知道她是汉高祖刘邦的老婆，西汉帝国的第一任皇后。此人长得虽然不太漂亮，但却很有些政治手腕，整治起她看不上的人来，简直是翻手为云，覆手为雨，死在她手里的人多得数不清。西汉初年有所谓“汉初三杰”的说法，三杰中的韩信、英布、彭越差不多都死在她的手里。如果说，杀韩信等人那还是政治斗争，情有可原，那么虐杀戚夫人，把刘邦生前最喜欢的妃子四肢砍下来做成一只人彘（猪），无论是在什么时代都令人发指。当时，由于她权势熏天，谁也不敢捋她的虎须，摸她的屁股，按照一般人的常识，这位吕太后应该是人莫予毒，寿终正寝了吧，但事实上却并非如此。就在吕后掌权十七年后的一天，她前往郊外举办祭祀活动，神情恍惚，恍惚之际似乎发现以往被她害死的赵王刘如意化作了一条大黑狗向她扑来，把她吓了个半死，回去后染上了一种奇怪的病，四个月后，就一命呜呼了。吕后的这个死因是有史载可查的，有兴趣的朋友不妨找来《史记·吕太后本纪》看一看。

吕后当年在残害无辜的时候，一直心存侥幸，认为只要把那些政敌们消灭了，就人莫予毒了，孰料最终还是难逃心理上的折磨，并最终丢掉了自己的性命。唉，早知现在，何必当初啊！

（三）在上位者应努力避免被别人戴高帽

“世人都晓神仙好，惟有功名忘不了；古今将相在何方？荒冢一堆草没了。世人都晓神仙好，只有金银忘不了；终朝只恨聚无多，及到多时眼闭了。”这是《红楼梦》中颇为有名的《好了歌》。余不才，仿照《好了歌》也作了一首打油诗，诗云：“虚荣人皆知不好，唯有高帽忘不了，不慕虚荣有几人，屈指一数还真少。”诗虽然有些“打油”，但所要表达的意思却不打油。孙嘉淦是清代名臣，他这个人之所以有名，并不是因为他当过直隶总督、协办大学士，在清代，当过这两个职务的人不在少数，也不是因为他在雍正皇帝继位之后上疏皇帝要“亲近兄弟、停止纳捐、西北收兵”——考虑到民间有所谓“雍正夺嫡”、迫害亲兄弟的传闻，这个上疏颇有含沙射影的嫌疑，曾经令雍正帝闻之而大怒，他的有名是因为他是清代为数不多的敢于劝谏皇帝不要戴高帽的人。话还得从那封有名的奏折说起，这份奏折叫作《三习一弊疏》，在这份奏折里，孙嘉淦指出了在上位者不知不觉就会染上的“三习”，即“耳习于所闻，则喜谀而恶直”“目习于所见，则喜柔而恶刚”“心习于所是，则喜从而恶违”。这话翻译成现代汉语大意是说：在上位者的耳朵天生喜欢听好听话，厌恶刺耳直言；在上位者的眼睛天生喜欢看柔顺的，厌恶刚强的；在上位者的心天生喜欢被别人肯定，厌恶别人违背自己的意愿。这些天性如果任其发展，结果就会产生“一弊”，这一弊不得了，往往直接决定国势兴衰，就是“喜小人厌君子”。

这封奏折是写给雍正皇帝的儿子乾隆皇帝的。有意思的是，乾隆皇帝接到这封奏折之后对孙嘉淦大为赞赏，但后来却自己给自己封了一个“十全老人”的尊号，自己给自己戴了一顶当时最大的高帽。更具有讽刺意味的是，孙嘉淦本人后来也因为处理谢济世案不当，被革职。被革职的原因不是别的，而是包庇属下，因他所包庇的湖南善化知县樊德贻、衡阳知县李澎浮、湖南巡抚许容等人平常总是喜欢给他戴高帽。一个在很多年以前就谆谆劝告皇帝不要掉进“高帽”陷阱的人，自己却一不留神掉了进去，这不能不说是一个颇具深意的“黑色幽默”，由此可见，在上位者避免被别人戴高帽这件事的难度有多大。

其实，早在春秋战国时代就有一个人看出了这件事的难度，这个人叫邹忌，中学语文课本曾经收录过他劝说齐国国君不要轻易相信别人送给你的高帽的故事，这就是赫赫有名的《邹忌讽齐王纳谏》。在这篇文章中，邹忌从别人夸他长得帅这件事入手，分别引入了几个不同的“第三者”，包括他的妻子、小妾、有求于他的宾客，通过对这些所谓的“他者”有求于他的分析，得出了一个结论，那就是“臣之妻私臣，臣之妾畏臣，臣之客欲有求于臣”，并借此劝谏齐威王闻过则喜，对于敢于并且善于给君王提出建设性批评意见的人给予重奖。齐威王接纳了邹忌的这个合理化建议，结果

“燕、赵、韩、魏闻之，皆朝于齐”。《战国策》的作者就此写道“此所谓战胜于朝廷”，也就是不战而屈人之兵。同样具有讽刺意味的是，这位邹忌老兄没当大官的时候，头脑还比较冷静，当上相国之后，却沉湎于别人送的“高帽”阵中不能自拔，竟然干出了陷害国之干城田忌的伤天害理勾当，通过造谣害得曾经帮助齐国打败了魏国的大将军田忌流亡国外，这也从另外一个角度印证了在上位者避免被别人戴高帽这件事的难度有多大。而苏章之所以留下千古美名，其中很重要的一点是在别人，而且还是老朋友主动送过来的“高帽”面前丝毫不为所动，秉公执法，这样的人，堪称在上位者的典范。

人们常说，最可怕的其实不是“棒杀”，而是“捧杀”。因为面对前者的时候，人们一般都会竭尽全力做出应激反应，而面对后者却往往反应迟缓，等到反应过来的时候，可能就深陷其中不能自拔了。在上位者要警惕啊！

第十八章

潜伏在成语“及瓜而代”背后与法有关的故事

第一节

一句随口说的话竟然要了说这话的国君性命

汉语中的“瓜”指的是蔓生植物所结的球形或椭圆形的果实，有蔬瓜、果瓜之分，属葫芦科，果实可食。“吃瓜”本来有益无害，而且最近几年一度流行一个与“吃瓜”有关的流行语，叫作“吃瓜群众”，这个流行语尽管被引申指“围观某事物的人们”，但起码无论是对别人还是对自己都构不成伤害。与当代的“吃瓜者”相比，中国古代的“吃瓜者”可就没有那么幸运了。公元前 687 年，有一个人在“吃瓜”的时候，随口说了一句话，竟然导致了一场兵变，“吃瓜者”本人也在这场兵变中被人杀死，结束了放荡不羁的人生。

这个“吃瓜者”姓姜，名叫诸儿，此人是春秋时期齐国的第十四任国君齐襄公。他虽然是“春秋五霸”之一的齐桓公的亲哥哥，但在他的身上，可一点看不出贤明的影子。齐襄公一辈子干的事情可以用几个关键词来加以概括，关键词之一是“乱伦”——和他的同父异母的妹妹文姜私通。要是仅仅是私通也就罢了，更要命的是他还把他妹妹的合法老公给杀了，这就涉及他生平的另外一个关键词，那就是“杀人”。这个被他杀死的妹夫不是别人，乃是当时的鲁国国君鲁桓公。除了鲁桓公，他还因为一点小事杀了当时的郑国国君郑子亹、郑国大臣高渠弥。由于当时的齐国国力强盛，齐襄公便认为世界上唯他独尊，他想要干什么就干什么，说话办事一点都不过脑子。公元前687年，齐襄公派自己的手下两员大将连称和管至父前往葵丘戍边。葵丘这个地方究竟在哪里，一直有几种不同的说法。有的说位于今河南商丘民权的林七乡西村，有的说在临淄城西北二十多公里的葵丘邑城，有的说位于临淄城北的广饶“柏寝台”，还有的说位于临朐城南齐鲁重要关隘穆棱关北的小关村西。据相关专家考证，考虑到当时的齐国东边是东海，北边是渤海，西边是黄河，此三边皆是天然屏障的独特地理环境，并不需要派军队驻守，人们一般认为这个葵丘应当是位于临朐城南齐鲁重要关隘穆棱关北的小关村西。这个地方在当时条件那是相当艰苦，连称和管至父不想到这个兔子都不拉屎的地方去餐风饮露，但主公的指示又不能公然违背，所以，他们就问齐襄公：“请问君上，我们什么时候可以回来？”当时正在吃瓜的齐襄公想都没想就随口说：“现在是瓜熟的季节，等明年瓜熟这个时候，就派人去接替你们两位。”听到齐襄公给出了明确的日期，这两员大将兴冲冲地走了。

光阴似箭，日月如梭，转眼间一年时间过去了。连称和管至父见齐襄公没有派人前来接替他们，十分着急，就派人带着刚熟的瓜去见齐襄公，意在委婉地提醒他“今年瓜熟的季节到了，该派人前来接替我们了”。如果是一个比较爱惜自己信誉的国君，定会认真履行自己的承诺，派人前去替换连称和管至父，但齐襄公却不然。见到连称和管至父他们送过来的瓜，齐襄公觉得很不爽，认为这是手下人在打他的脸，于是想都没想就对来人说：“叫人替换，必须出自我的主意，连称和管至父他们有什么权力自己随便请求？让他们乖乖地待在那里再等候一次瓜熟再回来好了。”听了手下人的报告之后，连称和管至父觉得这位君上实在是言而无信，“望之不似人君”，一怒之下，立刻举兵反叛，就像《水浒传》中的黑旋风李逵一再叫嚣的那样“杀去东京，夺了鸟位”，不仅“夺了鸟位”，而且还把齐襄公这个“鸟人”给杀掉了，另立了公孙无知做齐国的国君。人们根据这个故事，以吃到新瓜为代替期限的这个情节，把任事期满、换人代替，称为“瓜代”；同时把某件事情到了一定的期限就会有人代替的情况，叫作“及瓜而代”。这就是成语“及瓜而代”的由来。

第二节

成语“及瓜而代”的启示

那么，“及瓜而代”这个成语给予今天的我们以哪些启示呢？我想，这些启示至少有以下几点：

（一）言而无信，后果很严重

《论语》中记载了这样的一个故事，说的是有一次，孔子和他的大弟子子贡一起讨论怎么样才能够把国家治理好。一开始的时候，孔子提出了三个条件，分别是有充足的粮食储备、有精锐的国防力量，以及全体国民都诚实守信。“倘若不得已要去掉一项呢？”子贡问。孔子回答说：“倘若不得已非得去掉一项的话，可以把‘精锐的国防力量’去掉。”“啊，这样啊？”子贡想了想继续问：“请问夫子，倘若不得已再要去掉一项，应该把剩下的哪一个去掉呢？”孔子想都没想就接着回答说：“那就把‘充足的粮食储备’去掉。”“为什么？”子贡不明所以，急忙问。孔子回答说：“因为自古以来人固有一死，但民无信不立。”孔子的话可能有些极端，但他确实道出了儒家的“核心价值观”，那就是“诚信具有极其重要的意义”。孔子为什么这么看重“诚信”呢？这里面肯定有很多原因，其中很重要的一点可能是熟读历史的孔子在阅读历史的时候，发现了许多因为不诚信而导致国破家亡的反面例子，这其中最有名的当属西周幽王“烽火戏诸侯”的故事。故事的主角名叫姬宫涅，乃是西周王朝的第十二代国君周幽王。此人又被称为“先秦版的贾宝玉”。之所以说他是“先秦版的贾宝玉”，是因为此公和宝二爷一样，都唯恐自己心爱的女人不乐，因此想方设法逗心爱的女人开颜一笑。看过《红楼梦》的朋友想必都还记得，该书第三十一回“撕扇子作千金一笑，因麒麟伏白首双星”有一个桥段，说的是整天一门心思想要讨女人欢心的宝二爷为了博得心上人晴雯的一笑，竟然不惜撕掉价值不菲的扇子。当他的另外一个身边人麝月对此不以为然的时候，宝玉竟然振振有词地说：“古人云，‘千金难买一笑’，几把扇子能值几何！”有人看了这段话觉得宝二爷不愧是大家子弟，撕掉价值不菲的扇子竟然一点也不心痛。其实，倘若与周幽王相比，宝二爷实在连小巫见大巫的“小巫”都算不上，因为周幽王为了博得心上人的一笑，竟然不惜把祖宗传下来的江山社稷都“撕”掉不要了。这又是怎么一回事呢？话还得从一个神话传说说起。

话说在很早很早以前，具体一点说，大约在西周以前很多年的夏朝，曾经有两条龙突然出现在王宫，并且声称自己是褒国的两个先王。当时的夏朝国君不明所以，便按照当时的惯例，请巫师占卜，结果令许多人都大跌眼镜：对于这两条龙是杀也不吉利，留也不吉利，最后经过反复占卜，得出一个结论：可以留下龙的唾液，储藏起来，这样才吉利。于是，夏朝国君就陈列玉帛，并以简策写文告请神龙离开。这两条龙离去后留下了唾液，夏朝的国君就用匣子把唾液装起来，除掉地上的唾液痕迹。这匣子先后经历了夏、商、周三个朝代，一直没有人敢打开它。直到周幽王的爷爷周厉王的时候，这个“潘多拉盒子”一不小心被打开了，结果竟然导致一个碰触到匣子里收藏的唾液的宫女未婚而孕，十月怀胎之后分娩生下一个女婴。这个女婴便是鼎鼎大名的褒姒。之所以叫褒姒，是因为她出生以后被一对来自褒国的夫妇所收养。此女长得国色天香，有闭月羞花之容，沉鱼落雁之貌。周幽王见了褒姒，立刻被迷倒，想要讨她的欢心。但是，这却不是一件简单的事，因为这个褒姒天生冷若冰霜，基本不笑，这可愁坏周幽王了。思来想去，他想出了一个主意，就是给自己手下的“小弟”——各个诸侯国的国君们发一个“警报”，声称有外族入侵，让他们赶紧来勤王救驾。这个“警报”就是“烽火”。烽火是古代边防军事通讯的重要手段，燃起烽火表示国家有战事。为了解决通讯不便的问题，古人常常在边境建造高高的烽火台，在台上放置干柴，遇有敌情时就燃火以报警，然后一站接一站通过各个烽火台的烽火迅速传递讯息。在通信技术极其不发达的古代，设置烽火台实在是一大发明。但是，再好的发明，如果使用不得法，也极有可能播下的是龙种，收获的只是跳蚤。恰如鲁迅先生在《电的利弊》一文中所说：“外国用火药制造子弹御敌，中国却用它做爆竹敬神；外国用罗盘针航海，中国却用它看风水；外国用鸦片医病，中国却拿来当饭吃。”周幽王为博褒姒一笑，便命人在没有任何外敌入侵的情况下点燃了烽火台上的烽火。诸侯一见烽火，以为天子有难，立刻起兵勤王，结果发现自己被耍了，很郁闷。但周幽王却很开心，因为——褒姒终于笑了。俗话说，一之谓甚，其可再乎？搞一次恶作剧就够了，哪能接二连三地恶搞呢？但周幽王见点燃烽火戏弄诸侯可以引来心爱的人展颜一笑，竟然玩上了瘾，屡屡故技重施。头两次，尤其是第一次见到烽火台上点燃的烽火时，诸侯们还是很当一回事的，纷纷放下手边的工作前来勤王救驾，但几次被戏弄之后，这些人就对这种假信息产生了抵触心理，虽然那个时代还没有把谁的名字“拉黑”这一说，但至少从此以后不再把周幽王的紧急召唤当成一回事了。要是天下太平这倒也没什么，要命的是，过了不久周幽王突然想要废掉正宫娘娘生下的太子，改立褒姒之子姬伯服，结果太子的外公申侯不干了，一气之下，联合了缯国、西夷犬戎攻打周幽王所在的镐京。这个时候，周幽王再一次命人点燃了烽火，结果没有一个人前来救驾，周幽王本人也在骊山下被犬戎军队杀死。说话做事不讲诚信，后果真的很严重。回望本章的主人公齐襄公，他之所以死于非命，很重要的一个原因也是言而无信，结果导致自己身首异处，做了个孤魂野鬼。

正是因为"诚信"十分重要，孔子他老人家才会说："人而无信不知其可。大车无輗，小车无軏，其何以行之哉？"

（二）不怕没好事，就怕没好人

当领导的，总是要做各种各样的决定，由于种种原因，这些决定不可能总是一点错误都没有。有了错误不要紧，关键是有没有人在领导做决定的时候能够建言献策，帮助领导避免因为错误决定导致的不良后果。这方面中国古人既有成功的经验，又有失败的教训。不妨和大家分享两个相关故事，第一个故事发生在周成王十年（公元前 1033 年），史称"桐叶封唐"。这个故事与西周王朝第二位君主周成王姬诵有关。有一天，年轻的姬诵和自己最小的弟弟叔虞在一起玩耍。为了满足自己的虚荣心，姬诵拿了一片桐叶，用小刀把那片桐叶切成像是一个当时大臣们上朝的时候经常拿的圭，然后随手将它送给了叔虞，用开玩笑的语气对他说："我要封给你一块土地，喏——你先把这个拿去吧！"叔虞听了，非常高兴，马上把这件事告诉了一个人，这个人有的史料记载是周公，有的史料记载叫作史佚（前者见于《吕氏春秋·审应览第六·重言》，后者见于《史记·晋世家》），不管是谁吧，反正叔虞觉得这件事需要与人分享，就把这件事告诉了他。本着名气大优先的原则，我们不妨把这个人称为周公。

在西周时期，分封诸侯，那是一件天大的事，是需要经过严格的程序，由满朝文武大臣反复讨论，最后报请天子批准才能够加以实施的事情。现在周成王姬诵却把这件事当成了儿戏，没有与任何人商量，就做出了决定，这个决定肯定是一个草率的错误决定。当然了，我们这么说是站在成年人正常思维的逻辑层面，而姬诵可不一定这么想，他的想法也许可以用著名相声演员马三立老先生的一句经典台词“逗你玩”来概括。这个时候，从理论上说，这件事就有两种可能：一种是身边人不尽任何规劝的义务，听之任之；另外一种是因势利导，把错事办成好事。姬诵非常幸运，遇到了一位非常好的助手周公。周公听了叔虞的诉说之后，马上换上礼服，赶到王宫，向姬诵道贺。这个举动把年幼的姬诵搞得有点丈二和尚摸不着头脑，马上问为什么。周公一本正经地回答：“我刚刚听说，您已经册封了您的小弟弟叔虞，发生了这样的大事，我怎能不赶来道贺呢？”“哦！那件事啊，”这才想起此事的成王，忍不住哈哈大笑说，“我只不过是和叔虞闹着玩而已，不是真要册封他呀！”——一句话把狐狸尾巴给露出来了。周公听了，语重心长地对姬诵说：“我听说过，天子没有开玩笑的话。天子一说话，史官就记下来，乐人就吟诵，士人就颂扬。”听了周公的这番话，姬诵只好找一块地方分封给自己的小弟弟叔虞。恰好当时的唐国发生内乱，周公旦率军消灭唐国，于是，姬诵就把这块土地分封给了叔虞。试想一下，如果身边没有像周公这样的好人，年幼的周成王很可能一错再错，不仅失信于弟弟，还会在天下人面前暴露出自己的不成熟、不稳重。

第二个故事与诸葛亮有关。与一般人心目中无所不能的诸葛亮不同，这个故事中的诸葛亮是一个失败者的化身。诸葛亮一生有两件事情一直耿耿于怀，一件事是未能“北定中原，兴复汉室”；另外一件事可能并不是每个人都很熟悉，至少并非每个人都能够从我说的这个角度想，这件事就是“夷陵之战”。夷陵之战，又称彝陵之战、猇亭之战，是三国“三大战役”的最后一场。这次战役以蜀汉帝国的惨败而告终。“夷陵之战”失败的原因史学界似乎已有定论，无外乎“天时”“地利”都不在蜀汉帝国这一边。打了一辈子仗的刘备居然把军营设于深山密林里，而蜀军的营寨都是由木栅所筑成，其周围又全是树林、茅草，一旦起火，就会烧成一片。结果被陆逊火烧连营七百里，刘备本人如果不是逃得快也差一点成了东吴军队的俘虏。但不知道读者朋友们是否想过，这难道就是“夷陵之战”失败的全部原因吗？或者说，有没有可能从根本上避免这次失败？没错，刘备做出的与东吴开战的决策肯定是不对的，鲁肃曾说“陛下以关羽之亲，何如先帝？荆州大小，孰与海内？俱应仇疾，谁当先后？若审此数，易于反掌矣”。刘备做出这个决策之后，他身边的谋士如诸葛亮等人虽然进谏了，但是诸葛亮等人在刘备心目中的地位是远不像《三国演义》中所描写的那么高的。这一点，其实连诸葛亮本人也意识到了，所以，在夷陵之战失败之后，他才发出了那个著名的叹息：“法孝直若在，则能制主上，令不东行；就复东行，必不倾危矣。”这段话的大意是说，如果法正法孝直还健在的话，一定能够劝阻刘备不要贸然与东吴开战。这话从一个侧面印证了笔者在本节开头所说的话。说一千道一万，刘备之所以一错再错，是因为他身边缺少能够让他信服的人，如果法正当时在刘备身边，一定能够纠正刘备的过失。我们不妨回过头来看一下本章的主人公齐襄公，他做的“及瓜而代”的决策肯定是草率的，但倘若他身边有像他弟弟齐桓公的股肱之臣管仲那样的人，也肯定不会导致后来极端的恶果。由此可见，老祖宗说的是有道理的，“不怕没好事，就怕没好人”。

当然了，“好人”也不是那么好当的，要想影响有影响力的人，自己首先也应该要有一定的影响力。而且，这个影响力还不能你自己认定，至少需要被影响对象的认可。诸葛亮牛不牛？在一般人心目中那可是神一样的存在啊，可刘备在类似攻打东吴这样的事情上就是没有接受他的影响，所以，还是那句话：“说你行，你就行，不行也行；说你不行，你就不行，行也不行！”

（三）比好人更靠谱的是相应的制度设计

明朝的皇帝都很有个性，有的喜欢“暴走”，有的喜欢当“木匠”，还有的喜欢当“宅男”。喜欢“暴走”的当推明武宗朱厚照，喜欢当“木匠”的当推天启皇帝朱由校，而喜欢当“宅男”的则当推万历皇帝朱翊钧。这位万历皇帝竟然一连三十一年不上朝，创造了中国历史上的一个“不理朝政”之最。

万历皇帝为什么几十年不上朝？有人说是因为他身体有残疾——是个瘸子，而且还是一个大胖子，“不良于行”；有人说是因为在立谁为太子这件事情上，与大臣们存在分歧；还有人说是因为他是一个“瘾君子”，等等。我更感兴趣的是，一连三十一年不上朝，大明王朝竟然还没有乱，不但没有乱，甚至还取得了“抗倭援朝”的伟大胜利，这是为什么？原因有很多，其中很重要的一点是大明王朝有一套在当时的那个时代比较科学的制度设计，这就是所谓的“内阁制度”。正是这种“内阁制度”确保了即使没有皇帝，朝廷也照样可以正常运转。“内阁制度”那可是“前无古人”的，属于大明帝国首创。在明朝以前，国家治理是实行“皇帝授权下的宰相负责制”的，宰相是对中国古代君主之下的最高行政长官的通称或俗称，并非具体的官名。“宰”的意思是主宰，“相”本为相礼之人，字义有辅佐之意。太宰与相合称为宰相，宰相联称始见于《韩非子·显学》。明朝以前，历朝历代不管叫什么，都是有类似于“宰相”这样的官职的，但草根出身的朱元璋觉得设置一人之下、万人之上的宰相官职有可能危及他和他的子孙后代的统治，不设置宰相之类的官职又没有人帮助他和他的子孙们处理国家事务，所以，就搞了一个变通，取消了宰相这个官职，任命一些读书人做内阁大学士帮助皇帝处理政务。这些内阁大学士听起来很“高大上”，实际上如果不兼任其他部门一把手的职务，品级都比较低，说白了，就是皇帝的秘书。这些“秘书”办公的地点称为“内阁”。大学士们品级不高，权力不小。起初，内阁大学士只具有顾问身份，皇帝有最终决定的权力，而大学士很少有参决的机会。明仁宗、明宣宗时期，内阁大学士的地位日益受尊崇。自此，内阁的权力日益扩大，明世宗中叶，夏言、严嵩等人执掌内阁，地位赫然为真正的宰相。到了万历一朝，内阁制度已经非常成熟，皇帝只是一个符号或象征。由于内阁始终不是明朝中央一级正式的行政机构，加之内阁大学士只有建议权（票拟权），并无决定权，再加上他们与六部尚书之间并非上下级关系，特别是内阁大学士的“票拟”需要内廷司礼监太监代皇帝“批红”才能够加以实施，不用担心内阁大学士篡国夺权。所以，既然“总经理”（确切地说应该叫“董事长秘书”）可以把事情都干了，那“董事长”干吗还要费劲巴力地和自己过不去呢？干得再好也没有人奖励他啊，还不如做一天和尚撞一天钟，得过且过呢。回望本章的主人公齐襄公，如果有一套切实可行的制度为他保驾护航，估计即使他做出“及瓜而代”的草率决定，也会有相应的补救措施为他拾遗补阙。可惜，历史是不能够假设的。

当然，制度也有好坏之分。“制度好可以使坏人无法任意横行，制度不好可以使好人无法充分做好事，甚至会走向反面。”中国改革开放总设计师邓小平同志说的这番话还是非常有道理的。

第十九章

潜伏在成语“亡戟得矛”背后与法有关的故事

第一节

一条成语背后的一条鲜活生命

“亡戟得矛”是一个比较冷僻的成语，从字面上看，是指一个人丢掉了一种兵器“戟”，得到了另外一种兵器“矛”，一般被用来比喻得到的和失去的相当，或有失有得。比如说：“这次比赛，我们队不应该输的时候输了一场，以为赢不了的情况下竟然赢了两场，所以大家不要有什么包袱，俗话说‘亡戟得矛’嘛！”

从这个意义上说，它是一个励志成语。但其实，这个励志成语背后还潜伏着一个血淋淋的故事，关系着一个鲜活的生命。

春秋时期鲁成公二年（公元前 589 年），齐国和晋国打了一场著名的战斗，这就是在中国历史上赫赫有名的“鞌之战”。战斗中一个齐国战士手握长戟向前猛冲，遇到两名晋军拦住去路。齐军士兵手中的长戟被晋军打掉了。避险时齐国士兵发现草丛中有别人丢弃的长矛，于是顺手抄起来准备重新参战。

这位齐国士兵得到矛之后，不知道该怎么做，于是，就想向他人请教一下，“亡戟得矛”对不对，自己会不会因之而受到什么惩罚。

正在他犹犹豫豫的时候，冷不丁一抬头，突然发现，前面来了一个读书人。真是想瞌睡就来了一个枕头，这个齐国士兵立刻三步并作两步跑上前去，向来人抱拳行礼，然后恭敬地问对方自己“亡戟得矛”会不会受到处罚。那个读书人回答不会。那位齐国大兵却老是觉得心里面不托底，还想再找个人问一下。说来也巧，就在他头脑里产生这一念头的那一刻，突然听到一阵马蹄声，抬头一看，来人是镇守高唐的齐国大夫，也算是这位齐国士兵的顶头上司。见到这位顶头上司，他汇报了自己“亡戟得矛”的过程，并且再一次问对方自己“亡戟得矛”会不会受到处罚，上司告诉他肯定会。一文一武，两个人两种答案，究竟应该听谁的，齐国士兵很纠结。最终，齐国士兵决定与其回军营接受军法处置，不如回战场杀敌，结果战死沙场。这位士兵虽然死了，但却留下了一个典故。这就是成语“亡戟得矛”的由来。

第二节

成语“亡戟得矛”的启示

（一）学会变通可以救人救己

人生在世，难免会遇到如何妥善处理好“原则”与“灵活”之间的关系问题。有一次，孟老夫子与一个名叫淳于髡的人在一起闲谈。淳于髡这个人出身卑贱，其貌不扬，《史记·滑稽列传》说他是“齐之赘婿也，长不满七尺”。但是他很有学问，曾经多次用隐言微语的方式讽谏齐威王，使齐威王居安思危，革新朝政，还多次以使节的身份周旋于诸侯之间，不辱国格，不负君命。

俗话说，文人相轻，自古已然。这位淳于髡先生早就听说孟子很有学问，于是，就向孟子提了一个问题：“男女授受不亲，礼与？”——“男女之间不能随便接触，这是礼法规矩，对吗？”孟子回答：“对啊。”淳于髡接着问道：“嫂溺，则援之以手乎？”——“如果嫂子掉到水里了，是不是应该伸手去救啊？”原来，这位“长不满七尺”的“齐之赘婿”没安什么好心，这是挖了一个坑等着孟子往里面跳呢。孟子喝了一口水，不慌不忙地回答：“嫂溺不援，是豺狼也。男女授受不亲，礼也。嫂溺援之以手，权也。”——“嫂子掉到水里了却不伸手去救那不是畜生吗？虽然我说过男女授受不亲，但那只是原则，嫂子掉到水里伸手去救那是权变，是灵活啊，灵活懂不懂？”

孟子这话说得，那叫一个滴水不漏啊！淳于髡听了孟子的话不由得心生佩服。

除了机智应对淳于髡的刁难，孟子更为人称道的一点是很好地处理了“原则”与“灵活”之间的关系。

常常以为，儒家都是一些思想僵化的书呆子，其实未必，孔子就曾经告诉过弟子“大杖则走，小杖则受”，意思是说，受父母体罚时，轻打则忍受，重打就要逃走。

本章的主人公，那位齐国士兵其实就是一个不懂变通的人。只要手里有武器，能杀敌人就是对的啊！

与他相比，另外一位齐国人就高明多了。此人也当过兵，打过仗，上过战场，也遇到过同样的情况，但他却懂得变通，在危险来临时撒丫子就跑。有人嘲笑他胆子小，甚至说他是逃兵，但他却不为所动，结果最后一不留神，成了齐国的宰相了。此人不是别人，正是大名鼎鼎的千古名相管仲。

说到管仲，就不能不提到一个人，那就是鲍叔牙。当年管仲屡次三番地从战场上不告而走，估计连他本人可能都觉得有些不好意思，但却有人为他辩护，认为他之所以如此，是有不得已的苦衷。这个为管仲“洗白”的人就是鲍叔牙，“洗白”的说辞就是管仲因为家里有年过八十的老母亲需要尽孝（底线），所以才从战场上留得有用之身（灵活）。

当然，“变通”也不是无原则的，而是应当有底线的。这里所说的底线可能因为时代、国家、民族等的不同而有所差异，但有一些是基本相同的，比如，对他人生命的尊敬，再比如，对于长辈的孝顺，还有，再比如对于国家的爱，等等，正是基于这样的理由，我们才对孟子“嫂溺，则援之以手”表示理解，而对于汪精卫之流的“曲线救国”完全不敢苟同。

（二）僵化教条害死人

海瑞是中国老百姓心目中有名的“清官”，曾经被很多人称为“海青天”。可就是这样一位“青天”在对待自己的亲生女儿时却是一个地地道道的“黑天”或“浑天”！因为他亲手逼死了自己的亲生女儿！

清俞樾《茶香室续抄》中有这样的记载：“海忠介有五岁女，方啖饵，忠介问饵谁与，答曰僮某。忠介怒曰：‘女子岂容漫受僮饵，非吾女也！能即饿死，方称吾女！’女即涕泣不饮啖，家人百计进食，卒拒之，七日而死。”说的是海瑞（“忠介”是海瑞的谥号）有一个女儿，年方五岁。有一天海瑞发现女儿手里拿着一块糕饼在大快朵颐，不由问道，是谁给你的啊？女儿回答，是家里的男仆人给的——如果是今天的人听到或看到这里估计没有谁能够猜出下面的情节，因为海瑞海大人突然变脸了，准确地说是突然翻脸了，为什么？难道是这块糕饼存在着食品安全隐患？当然不是——且说那海瑞“海青天”听了女儿的话之后，把脸一板说：男女授受不亲，你是一个女子，怎么能够从男人手里拿东西呢？女儿很害怕，不知道如何是好。海瑞这个时候给出了一个解决方案，就是逼着只有五岁的小女儿从此不吃东西，活活饿死，说这样才配得上是自己的女儿。小女儿哭着不吃东西，家人怎么劝都没有用，七天之后就饿死了。

海瑞为什么要亲手逼死自己的女儿呢？究其实质，还是“僵化教条”惹的祸。在这个故事中，海瑞的怪异行为的起因乃是程朱理学中的“两性观”。程朱理学的“两性观”的核心是，对于女人来说“饿死事小，失节事大”，这个说法对于矫正唐末五代十国时期一度非常混乱的两性观来说还是具备一定意义的。但是，过犹不及，朱熹当年说这话的时候是有一定语境的，海瑞错就错在将有一定具体语境的话语当成放之四海而皆准的公理，这才是导致他逼死五岁亲生女儿的原因。其实，程朱理学的代表人物之一的程颐有个侄女成了寡妇，她父亲帮她再嫁，程颐还为她父亲写行状称赞此事，朱熹本人也赞扬寡妇再嫁的行为。

只有那些食古不化的人，才会干出一些让后人乃至时人目瞪口呆的蠢事来，比如逼死亲生女儿的海瑞，再比如本章的主人公之一齐国大夫。

但是，僵化教条的主张者固然可恨，那些心甘情愿地为僵化教条左右的人也不值得同情。

任何规矩在一开始制定实施的时候肯定都有其合理性，僵化教条者之所以可恨不值得同情，原因之一就是他们往往脱离了具体的时间地点等“语境”，将“一时”当成了“永恒”，把“一地”当成了“全域”，身子虽然进入了一个新的时空，脑袋却仍然停留在过去。对于这样的人我们只能采取当头棒喝，告诉他们：唯一不变的只有变化本身，不能以变应变最终只能被时代所抛弃。

后　记

成语是先哲们留给我们的宝库，从中我们可以学习到人生的智慧，感悟到历史的哲理，感受到信仰的力量，窥见到科学的奥秘，欣赏到艺术的魅力。孔子曰，“不读诗，无以言”，套用孔子的话说，不学习、不懂得、不使用成语，那你可能真的会被人质疑你的中国人身份。当然了，那些数典忘祖者又另当别论了。

综而观之，成语是一个好东西。但是，任何事物都有其两面性，成语，从某种意义上说，又是个“坏东西”。

之所以说它是一个“坏东西”，是因为：一，从整体上看，中国的成语简直浩如烟海，绝大多数人终其一生可能也难以全部把握。《中华成语大词典》（第 2 版）就选收成语四万五千余条。假设一个人可以活上一百岁，从呱呱坠地开始就每天学习一个成语，等到驾鹤西归的时候，也还会遗憾地发现，还有八千多条成语被晾在了一边；二，每一个成语都是一个“宝库”，想要进入其中还会遇到层层障碍。这些障碍有很多，总体说来，大致有以下几种：一是“语音障碍”。有很多成语虽然看起来不过区区几个字，但总有一些“捣乱分子”不怀好意地潜藏其中，搞得某些不求甚解的使用者一不留神就把“鸿鹄之志”读成“鸿浩之志”；二是“语义障碍”。虽然构成成语的几个字大家都认识，但就是有一些“捣乱分子”不怀好意地潜藏其中，搞得某些不求甚解的使用者一不留神就活生生地把“烫手山芋”当成了“炙手可热”来加以使用；三是“语法障碍”。虽然构成成语的几个字，字与字之间好像排列得很自然，但就是有一些“捣乱分子”不怀好意地在语法顺序上“捣乱”，让某些不求甚解的使用者把“竹报平安”理解成在竹简上写平安家信了——顺便说一下，“竹报平安”出自唐人段成式《酉阳杂俎续集》，原文是“北都惟童子寺有竹一窠，才长数尺。相传其寺纲维每日报竹平安”。这段话告诉我们，“竹报平安”并不是在竹简上写平安信，而是“报竹平安”。从“报竹平安”到“竹报平安”乃是语法词序上的颠倒，不明白就有可能闹笑话；四是“语境障碍”。虽然成语一般也就几个字，但如果不顾语境、不分场合地使用，就有可能闹出“在座的各位都是本领域的顶尖专家，我们请大家来，就是想听听各位的高见，大家不必客气，就姑妄言之吧”之类的笑话来。

这些障碍其实都不算什么，最大的障碍在我看来，应该是“司空见惯障碍”。所谓“司空见惯障碍”就是我们通常所说的“一叶障目，不见泰山”，或者是现下流行的“走了很远，却忘了为什么出发”，意思就是知其然而不知其所以然，或者虽知其所以然而没有或不想深入地思考一下从中能够悟出什么道理乃至哲理。这就好比买了一个价格昂贵的智能手机，却只用来打电话而对其他功能弃之而不顾一样，是典型的暴殄天物的行为。

之所以有这种障碍，究其原因可能主要有两点：一是不能或曰不会，二是不愿，也就是孟子所说的“挟泰山以超北海”和“为长者折枝”这两种情况。对于不愿破除障碍者，神人可能都无能为力，因为有一句话说得好：你永远叫不醒一个装睡的人。而对于不能或不会者，本着“无缘大慈”的原则，每一个有识之士都应该助上一臂之力，这也是我写作这本书的初心。

正是基于包括但不限于上述原因，所以，当中央电视台社会与法频道（CCTV12）《法律讲堂（文史版）》的同志登门邀请我前去主讲十期左右的与法有关的成语节目的时候，我才不揣浅陋，欣然应允。其后，中国教育电视台《国史演义》栏目也闻弦歌而知雅意，想要加入。于是乎，我花了近一年的时间，在张涵同志的协助并参与下，在搜集了大量资料的基础上，主讲了与法有关的成语节目，以期为法治中国建设一尽绵薄之力。

节目在中央电视台和中国教育电视台播出后，社会反响热烈。新媒体点击率也出乎意料之高——其中，有一集讲成语“公冶非罪”的在“今日头条”上的阅读量超过二十万，属于网友们通常所说的“十万 +”。

本书就是在上述电视节目讲稿和新媒体传播内容的基础上铺陈而成的。其中，张涵同志直接参与撰写了十万字。感谢中国教育电视台袁小平台长百忙之中为本书撰写序言，感谢著名文化学者、第十三届全国政协文化文史和学习委员会委员、北京大学中文系张颐武教授，著名传播学者、清华大学新闻与传播学院学术委员会主任李彬教授，著名哲学与伦理学学者、中国伦理学会副会长、中国人民大学哲学院曹刚教授和著名诗歌理论家、国际汉语诗歌协会秘书长、北京师范大学文学院谭五昌教授拨冗为本书撰写了热情洋溢的推荐语。

本人才疏学浅，肯定不无挂一漏万之处，敬请海内外方家不吝指正。

张志君